Ulf Redanz
Besteuerung von Termingeschäften in Aktienindizes

AF125427

Schriftenreihe des
Instituts für Geld- und Kapitalverkehr
der Universität Hamburg

Herausgegeben von Prof. Dr. Hartmut Schmidt
Band 10

Bereits früher erschienen:

Band 1:
Ludwig Jurgeit
Bewertung von Optionen und bonitätsrisikobehafteten Finanztiteln
Anleihen, Kredite und Fremdfinanzieungsfazilitäten

Band 2:
Wolfgang Bessler
Zinsrisikomanagement in Kreditinstituten

Band 3:
Wilhelm-Christian Helkenberg
Anlegerschutz am Grauen Kapitalmarkt
Prognosegrundsätze für Emissionsprospekte

Band 4:
Andreas Döhrmann
Underpricing oder Fair Value
Das Kursverhalten deutscher Erstemissionen

Band 5:
Heinrich Brakmann
Aktienemissionen und Kurseffekte
Deutsche Bezugsrechtsemissionen für die Jahre 1978 bis 1988

Band 6:
Carl Heinz Daube
Marketmaker in Aktienoptionen an der Deutschen Terminbörse

Band 7:
Torsten Schrader
Geregelter Markt und geregelter Freiverkehr
Auswirkungen gesetzgeberischer Eingriffe

Band 8:
Stefan Janssen
Kontraktdesign und Kontrakterfolg von Financial Futures

Band 9:
Peter Iversen
Geld-Brief-Spannen deutscher Standardwerte

Ulf Redanz

Besteuerung von Termingeschäften in Aktienindizes

 Springer Fachmedien Wiesbaden GmbH

Die Deutsche Bibliothek — CIP-Einheitsaufnahme

Redanz, Ulf:
Besteuerung von Termingeschäften in Aktienindizes / Ulf
Redanz.
(Schriftenreihe des Instituts für Geld- und Kapitalverkehr der
Universität Hamburg ; Bd. 10) (DUV : Wirtschaftswissenschaft)
Zugl.: Hamburg, Univ., Diss., 1995
ISBN 978-3-8244-0256-4   ISBN 978-3-663-11980-7 (eBook)
DOI 10.1007/978-3-663-11980-7

NE: Institut für Geld- und Kapitalverkehr <Hamburg> : Schriftenreihe
des Instituts . . .

© Springer Fachmedien Wiesbaden 1995
Ursprünglich erschienen bei Deutscher Universitäts-Verlag GmbH,
Wiesbaden 1995
Lektorat: Monika Mülhausen

Gedruckt auf chlorarm gebleichtem und säurefreiem Papier

ISBN 978-3-8244-0256-4

Für Georg Redanz

Geleitwort

Die Deutsche Terminbörse wurde mit dem Ziel geschaffen, den Finanzplatz Deutschland zu stärken und möglichst viel von dem DM-bezogenen Geschäft, das durch deutsche Überregulierungen ins Ausland abgedrängt worden war, nach Deutschland zurückzuholen, natürlich auch die damit verbundenen Arbeitsplätze. Wer deshalb hochentwickelten Sicherungs- und Spekulationsbedürfnissen bestimmter Anlegerkreise durch einen heimischen Markt für Derivate entsprechen möchte, der muß als Konsequenz auch die steuerlichen Regelungen durchforsten, die das Termingeschäft betreffen und es möglicherweise behindern.

Redanz hat sich dieser Aufgabe gestellt und eine umfassende ökonomisch-perspektivische Analyse eines wichtigen Grenzgebietes zwischen der betriebswirtschaftlichen Steuerlehre und der modernen Bankbetriebslehre vorgelegt. Der auf dem Duplikationsprinzip aufbauende Besteuerungsansatz stammt aus der amerikanischen Literatur, ist aber in dieser Form im deutschen Schrifttum bisher noch nicht betrachtet worden. Die Arbeit stellt überzeugend dar, daß der in den USA entwickelte steuerliche Zerlegungsansatz sich als Referenzsystem bestens eignet, gleichgültig ob man eine Reform des einschlägigen Steuerrechts betreiben oder die Auswirkungen des gegenwärtigen Steuerrechts auf die Entscheidungen von Anlegern analysieren möchte. Mit Hilfe dieses Ansatzes wird ein ziemlich breites Spektrum an Positionen in Futures und Optionen von Anlegern, die ihre Geschäfte im Rahmen privater Vermögensverwaltung abschließen, vor dem Hintergrund des aktuellen Steuerrechts sorgfältig gewürdigt.

Dabei kommt der Verfasser zu interessanten Ergebnissen. Steuerliche Asymmetrien laufen der Markteffizienz nicht unbedingt zuwider, insbesondere dann nicht, wenn sie eine steuerliche Differenzarbitrage verhindern. Das geltende deutsche Steuerrecht ist, obwohl es sich nicht an einer erkennbaren ökonomischen Leitlinie orientiert, in diesem Sinn durchaus positiv zu beurteilen. Dennoch spricht sich Redanz dafür aus, die Besteuerung von Termingeschäften auf eine neue Grundlage zu stellen und die hinderliche Unsicherheit über steuerliche Folgen des Handelns mit Futures und Optionen zu beseitigen.

So ist diese Arbeit für verschiedene Leser wertvoll. Anleger erhalten Hinweise darauf, wie sie heute steuerlich vorteilhafte Geschäfte in derivativen Finanzinstrumenten abschließen können. Spiegelbildlich gilt das auch für Initiatoren von Termingeschäften, die durch das frühe Erkennen steuerlicher Asymmetrien den Erfolg von Kontrakten steuern können. Aus einem normativen Blickwinkel helfen die Ergebnisse dem Gesetzgeber, steuerrechtliche Inkonsistenzen zu korrigieren und die von den Marktteilnehmern gewünschte steuerliche Sicherheit zu gewährleisten. Sie ist dringend erforderlich, um den heimischen Finanzplatz im internationalen Wettbewerb um anlagesuchendes Kapital nach vorn zu bringen.

Hartmut Schmidt

Vorwort

Wenn neue Geschäfte auf alte Vorschriften stoßen, sollte man ein Regelwerk aus einem ökonomischen Blickwinkel hinterfragen und prüfen, ob sich innovative Arrangements bei gegebenen Normen überhaupt durchsetzen können. Deshalb hat es sich geradezu aufgedrängt, steuerliche Aspekte moderner Finanzinstrumente zu beleuchten.

Meinem verehrten akademischen Lehrer, Herrn Professor Dr. Hartmut Schmidt, gilt mein besonderer Dank für die Betreuung der vorliegenden Arbeit und für die Aufnahme in seine Schriftenreihe. Herrn Professor Dr. Lutz Fischer danke ich für das Korreferat und Herrn Professor Dr. Lothar Haberstock für die freundliche Unterstützung.

Meinen Mitdoktoranden und Studenten am Institut für Geld- und Kapitalverkehr der Universität Hamburg bin ich für wertvolle Hinweise dankbar. Das gilt vor allem für Herrn Diplom-Kaufmann Adam Bolek, Herrn Diplom-Kaufmann Dr. Carl Heinz Daube, Herrn Diplom-Kaufmann Eppo Franke, Herrn Diplom-Kaufmann Dr. Peter Iversen, Herrn Diplom-Kaufmann Dr. Stefan Janssen, Herrn Diplom-Volkswirt Stefan Prigge und Herrn Diplom-Kaufmann Kai Treske.

Für ihre Bereitschaft, sich jederzeit als Diskussionspartner zur Verfügung zu stellen, danke ich Herrn Diplom-Kaufmann Thomas Bürkle und Herrn Diplom-Ökonom Jürgen Jung. Herrn Diplom-Kaufmann Dr. Michael Ollmann danke ich für die großzügige Unterstützung meiner nationalen und internationalen Research-Tätigkeiten.

Diese Arbeit widme ich meinem Vater Georg Redanz, meinem besten Freund und großen Vorbild. Ihm gilt mein tiefster Dank. Mein Vater hat mir eine exzellente Ausbildung und ein intensives Studium ermöglicht. Am Fortgang der Dissertation hat er stets regen Anteil genommen und war mir durch sein hervorragendes fachliches Wissen ein unverzichtbarer Gesprächspartner. Den erfolgreichen Abschluß der Doktorprüfung hat er unglücklicherweise nicht mehr erleben dürfen.

Ulf Redanz

Inhaltsverzeichnis

Tabellenverzeichnis

Abkürzungsverzeichnis

AO	Abgabenordnung
BFH	Bundesfinanzhof
BGB	Bürgerliches Gesetzbuch
BGBl.	Bundesgesetzblatt
BMF	Bundesminister(ium) der Finanzen
BMWi.	Bundesminister(ium) für Wirtschaft
BStBl.	Bundessteuerblatt
DAX	Deutscher Aktienindex
DKV	Deutscher Kassenverein
DTB	Deutsche Terminbörse
EFG	Entscheidungen der Finanzgerichte
EStG	Einkommensteuergesetz
EStR	Einkommensteuer-Richtlinien
FG	Finanzgericht
HGB	Handelsgesetzbuch
IRS	Internal Revenue Service
OECD	Organization for Economic Co-operation and Development
OTC	Over the Counter
RGBl.	Reichsgesetzblatt
rkr.	rechtskräftig

RMF	Reichsminister(ium) der Finanzen
RStBl.	Reichssteuerblatt
S & P	Standard & Poor's
StMBG	Gesetz zur Bekämpfung des Mißbrauchs und zur Bereinigung des Steuerrechts
WM	Wertpapier-Mitteilungen

Symbolverzeichnis

A	Steuerarbitrageterm für inframarginale Anleger und Steuerterm bei arbitrageähnlichen steuerlichen Vorteilhaftigkeitsüberlegungen inframarginaler Anleger
B	Wert eines bonitätsrisikofreien Titels am Beginn der Anlageperiode
C_e	Wert einer Kaufoption europäischen Typs auf einen Aktienindex am Beginn der Anlageperiode
C_e^*	Wert einer Kaufoption europäischen Typs auf einen Aktienindex am Ende der Anlageperiode
D	Barwert der Dividenden, die bis zum Ende der Anlageperiode ausgeschüttet werden
D^*	Endwert der Dividenden, die bis zum Ende der Anlageperiode ausgeschüttet werden
E	Basispreis einer Option
F	Wert eines Aktienindex-Future am Beginn der Anlageperiode
G^*	Endwert der Körperschaftsteuergutschriften, die bis zum Ende der Anlageperiode anfallen
h	Anteil von Aktien am Gesamtportefeuille
n	Anzahl der Perioden bis zur Erfüllung eines Aktienindex-Future oder Anzahl der Perioden bis zum Verfall einer Option europäischen Typs auf einen Aktienindex
P_e	Wert einer Verkaufsoption europäischen Typs auf einen Aktienindex am Beginn der Anlageperiode

r_B — Zinssatz für eine Geldanlage in bonitätsrisikofreien Titeln und Zinssatz für eine Emission
bonitätsrisikofreier Titel

S — Wert eines Indexportefeuilles am Beginn der
Anlageperiode

S^* — Wert eines Indexportefeuilles am Ende der Anlageperiode

s_B — Marginaler Steuersatz für Zinseinkünfte

s_D — Marginaler Steuersatz für Dividendeneinkünfte

s_F — Marginaler Steuersatz für Gewinne und Verluste aus Aktienindex-Futures

s_O — Marginaler Steuersatz für Gewinne und Verluste aus Kaufoptionen europäischen Typs auf
einen Aktienindex und aus Verkaufsoptionen
europäischen Typs auf einen Aktienindex

s_S — Marginaler Steuersatz für Gewinne und Verluste aus Aktien

s_{expl} — Marginaler Steuersatz für explizite Steuern, mit
denen eine Anlagealternative belastet wird

s_{impl} — Marginaler Steuersatz für implizite Steuern, mit
denen eine Anlagealternative belastet wird

T — Ende der Anlageperiode

t — Zu konkretisierender Zeitpunkt

Einleitung

Damit Anleger innovative ökonomische Arrangements nutzen können, müssen die steuerlichen Rahmenbedingungen stimmen. Dem
Staat obliegt die Aufgabe, für ein funktionsgerechtes Steuersystem
zu sorgen. Er sollte die steuerlichen Vorschriften ständig so an-
passen, daß die Anleger auf seinem Gebiet ohne steuerliche Nachteile Kapitalmarkttransaktionen durchführen können.[1]

Die steuerlichen Rahmenbedingungen für Kapitalmärkte dürfen nicht
die Fortschritte zerstören, die beim Abbau von Transaktionskosten
erzielt wurden, und sollen nicht weiteres Senkungspotential bei den
Transaktionskosten blockieren. Ein funktionsgerechtes Steuersystem macht den heimischen Finanzplatz leistungsfähiger und wirkt
sich vorteilhaft auf Arbeitsplätze sowie das Steueraufkommen in
einer Volkswirtschaft aus.

Für Ökonomen, die sich mit steuerlichen Rahmenbedingungen von
Kapitalmärkten auseinandersetzen, sind die Bereiche reizvoll, bei
denen der Steuergesetzgeber seine Aufgabe nicht meistert. Das ist
häufig der Fall, wenn neue Geschäfte auf alte Vorschriften stoßen.
Dann sollte man das Regelwerk aus einem ökonomischen Blickwinkel hinterfragen und prüfen, ob sich innovative Arrangements bei
den gegebenen Normen erfolgreich durchsetzen können, um die Be-
dürfnisse der Anleger zu befriedigen. Eine Analyse des steuerlichen
Regelwerks aus ökonomischer Sicht ist besonders wichtig, wenn

---

1)   H. Schmidt (1991a), S. 1.

bestehende Normen unterschiedlich ausgelegt werden können oder ausgelegt werden, weil Anleger auf verläßliche Kalkulationsgrundlagen angewiesen sind.[1]

Derivative Finanzinstrumente sind solche innovativen Arrangements, die dazu beitragen sollen, die Performance zu steigern. Unter derivativen Finanzinstrumenten versteht man Titel oder Positionen, deren Ergebnisse entscheidend von den Preisen und Ergebnissen eines oder mehrerer Referenz- oder Bezugsgüter abhängen.[2]

Zu den derivativen Finanzinstrumenten gehören Futures und Optionen. Man kann diese verhältnismäßig jungen Instrumente unter dem älteren Ausdruck Termingeschäfte zusammenfassen.[3] Termingeschäfte lassen sich dadurch kennzeichnen, daß die Erfüllungsfrist erheblich länger als bei Kassageschäften ist. Bei Kassageschäften entspricht die Frist zwischen dem Abschluß der Geschäfte und ihrer beiderseitigen Erfüllung der Zeit, die für die Vorbereitung und Durchführung der Erfüllung erforderlich ist.[4]

---

1) Vgl. Group of Thirty Global Derivatives Study Group (1993), S. 23.

2) H. Schmidt (1989), S. 28.

3) Ebenda. Zu den drei Motiven für Termingeschäfte, und zwar Spekulation, Kurssicherung und Arbitrage, siehe H. Schmidt (1988a), S. 74-77, 91; ders. (1988b), Sp. 2027-2032.

4) H. Schmidt (1988b), Sp. 2015 f.

Der entscheidende Unterschied zwischen Futures und Optionen ist, daß bei Optionen eine Vertragspartei ihren Erfüllungsanspruch aufgeben kann, während bei Futures beide Parteien eine Erfüllungspflicht und einen Erfüllungsanspruch haben.[1]

Futures sind börsliche feste Termingeschäfte. Die Geschäfte werden zu einem einheitlichen Zeitpunkt erfüllt. Am Erfüllungstermin muß der Käufer das Handelsobjekt abnehmen und dem Verkäufer den bei Geschäftsabschluß vereinbarten Preis zahlen. Der Verkäufer ist zur Lieferung des Handelsobjektes und zur Entgegennahme des Kaufpreises verpflichtet.[2] Statt der physischen Lieferung können Futures durch einen Barausgleich erfüllt werden.[3] Financial Futures sind börsliche feste Termingeschäfte in Schuldtiteln mit marktzinsreagiblem Kurs, in Devisen, Aktienindizes, Rentenindizes und Preisindizes.[4]

---

1)   H.-J. Krümmel (1984), Sp. 979 f.; S. Janssen (1994), S. 3 f.

2)   H. Schmidt (1988b), Sp. 2015-2018; S. Janssen (1994), S. 2 f.

3)   Als Vorteile des Barausgleichs bei Futures arbeitet Janssen beispielsweise ein geringeres Basisrisiko und wesentlich niedrigere Lieferkosten als bei physischer Lieferung (effektive Andienung) heraus. Bei Kontrakten mit mehreren Lieferalternativen lassen sich durch den Barausgleich Corners oder Squeezes reduzieren oder sogar vermeiden. Kontrakte mit einer Mischform zwischen physischer Lieferung und Barausgleich spielen Janssen zufolge heute keine Rolle mehr; S. Janssen (1994), S. 104-112.

4)   Der Kreis der Handelsobjekte kann auch enger oder weiter gezogen werden; H. Schmidt (1988a), S. 90.

Aus ökonomischer Sicht sind Optionen bestimmte Wahlrechte, die unterschiedlich ausgestaltet sein können. Der Käufer (Inhaber) einer Option ist berechtigt, eine bestimmte Menge eines bestimmten Referenzgutes zu einem bei Geschäftsabschluß vereinbarten Preis (Basispreis) innerhalb eines bestimmten Zeitraums (Option amerikanischen Typs) oder zu einem bestimmten zukünftigen Zeitpunkt (Option europäischen Typs) vom Verkäufer (Stillhalter) zu erwerben (Kaufoption) oder an ihn zu veräußern (Verkaufsoption). Der Käufer einer Option zahlt an den Verkäufer einen bestimmten Geldbetrag, den man als Optionspreis oder Optionsprämie bezeichnet.[1]

Anstelle von effektiver Andienung bzw. Abnahme kann man bei einem Optionsgeschäft vereinbaren, daß der Inhaber einer Kaufoption bei Ausübung einen Anspruch auf Zahlung der Differenz zwischen einem über dem Basispreis liegenden Marktpreis des Basiswerts und dem Basispreis hat. Der Inhaber einer Verkaufsoption hat bei Ausübung einen Anspruch auf Zahlung der Differenz zwischen dem Basispreis und einem niedrigeren Marktpreis des Basiswerts.[2]

---

1) J. C. Cox u. M. Rubinstein (1985), S. 1-8; H. Schmidt (1988b), Sp. 2019-2026; L. Jurgeit (1989), S. 9-13; R. Bookstaber (1991), S. 1-6.

2) H. Schmidt u. D. Elsner (1994), S. 257 f. Der Barausgleich beseitigt das Vorleistungsrisiko, das Risiko des ungewollten Verfalls und reduziert Transaktionskosten, die anderenfalls bei der effektiven Andienung von Aktien und deren Verkauf entstünden. Die Unsicherheit über den Verkaufspreis der Aktien entfällt; ebenda, S. 288-290.

Diese Arbeit konzentriert sich auf Futures und Optionen in zu Aktienindizes gebündelten Aktien, die am Erfüllungstermin bar abgerechnet werden. Potentielle Nutzer von Aktienindex-Futures und Aktienindexoptionen schließen die Geschäfte nur ab, wenn Restriktionen nicht die erwarteten ökonomischen Vorteile blockieren. Zu den Restriktionen können die steuerlichen Vorschriften gehören.

Das Ziel der vorliegenden Untersuchung ist es, eine Antwort auf die Frage zu finden, welche einkommensteuerlichen Rahmenbedingungen der deutsche Staat dafür setzt, daß Anleger Termingeschäfte in Aktienindizes abschließen.[1]

Ganz konkret ist es das Ziel der Untersuchung, die folgenden zwei Fragen zu beantworten:

1. Wie sollten Geschäfte mit Aktienindex-Futures und Aktienindexoptionen aus ökonomischer Sicht besteuert werden, damit sich die Vorteile der Geschäfte ungehindert von steuerlichen Restriktionen in den Entscheidungen der Anleger widerspiegeln können?

---

[1] Deutsche Anleger können börsliche Termingeschäfte in Aktienindizes seit Anfang der achtziger Jahre abschließen, beispielsweise seit Februar 1982 Value Line Index Futures am Kansas City Board of Trade und seit März 1983 S & P 100 Index Options an der Chicago Board Options Exchange; D. M. Chance (1991), S. 42-44, 241. Zur Entwicklung des Handels in derivativen Finanzinstrumenten siehe E. M. Remolona (1992/93); Deutsche Bundesbank (1993); Bank für Internationalen Zahlungsausgleich (1994), S. 122-129.

2. Wie werden die Gewinne und Verluste dieser Termingeschäfte de lege lata einkommensteuerlich eingeordnet, und welche
Vorteilhaftigkeitsüberlegungen ergeben sich möglicherweise
für die Anleger aus Abweichungen zwischen dem ökonomischen Besteuerungsvorschlag und der Realität?

Um zu Antworten auf die beiden Fragen zu gelangen, gliedert sich
die Arbeit in drei Teile. Im ersten Teil wird ein normativer Ansatz
zur Besteuerung von Termingeschäften in Aktienindizes entwickelt.
Dazu werden Modelle hergeleitet, mit denen sich Aktienindex-Futures und Aktienindexoptionen steuerlich einordnen lassen.

Diese Modelle verbinden die arbitrageorientierte Bewertung von Termingeschäften mit Annahmen über ein normatives Steuersystem,
die auf der Überzeugung beruhen, ökonomisch äquivalente Anlagealternativen steuerlich gleich zu behandeln. Daraus läßt sich eine
allgemeine Leitlinie zur Besteuerung von Termingeschäften aufstellen. Abschließend wird im ersten Teil untersucht, welche Bedeutung solche steuerlichen Rahmenbedingungen für Anleger und
Terminmarktorganisatoren haben.

Man könnte in weiteren Schritten überprüfen, ob in der Realität die
einkommensteuerlichen Vorschriften für verschiedene Anlegertypen
mit den normativen Empfehlungen der Modelle übereinstimmen. Eine solche Untersuchung würde zu weit führen. Es bietet sich statt
dessen an, eine bestimmte Gruppe von Anlegern beispielhaft auszu-
wählen.

Für unbeschränkt steuerpflichtige natürliche Personen mit einem Wohnsitz oder gewöhnlichem Aufenthalt im Inland hängen die einkommensteuerlichen Folgen hauptsächlich davon ab,[1] ob Gewinne und Verluste aus Termingeschäften zu den betrieblichen Einkunftsarten gehören oder im Rahmen privater Vermögensverwaltung erzielt werden.[2] Der zweite Teil liefert einen Beitrag zur Beantwortung der Frage, wo genau die Grenze zwischen Gewerbebetrieb und privater Vermögensverwaltung verläuft.

Die Trennung zwischen den verschiedenen Anlegertypen ermöglicht es, sich im dritten Teil auf die einkommensteuerlichen Folgen für Anleger zu konzentrieren, die ihre Geschäfte im Rahmen privater Vermögensverwaltung abschließen. Das bietet sich an, weil in diesem Regelungsbereich zahlreiche steuerliche Fragen auf Antworten warten. Der dritte Teil zeigt auch, welchen Beitrag die ökonomischen Steuermodelle zur Systematisierung steuerlicher Vorteilhaftigkeitsüberlegungen leisten können. Steuerliche Vorteilhaftigkeitsüberlegungen ergeben sich, wenn der Staat ökonomisch äquivalenten Anlagealternativen unterschiedliche steuerliche Folgen zuordnet.

Hervorzuheben ist, daß die Untersuchung sich nicht auf ausgewählte Kontrakte beschränkt, die Anleger an einer Terminbörse handeln können. Den gewählten allgemeinen Ansatz kann man aber auf die

---

1)   § 1 Abs. 1 Satz 1 EStG.

2)   J. Lang (1988); K. Tipke u. J. Lang (1991), S. 233-236; G. Rose (1992), S. 84 f.

Besteuerung tatsächlich gehandelter Terminkontrakte übertragen. Diese Arbeit geht beispielsweise darauf ein, welche steuerlichen Vorschriften für den Handel an der Deutschen Terminbörse (DTB) gelten.[1]

Aus den Ergebnissen des dritten Teils lassen sich Anhaltspunkte darüber gewinnen, welche Anreize und Hemmnisse es insgesamt für den Terminhandel im Rahmen privater Vermögensverwaltung gibt, und welchen Schluß der Steuergesetzgeber daraus ziehen sollte.

---

1) Seit dem 23. November 1990 können Anleger an der DTB Futures auf den Deutschen Aktienindex (DAX) handeln. Seit dem 16. August 1991 sind Geschäfte in Optionen auf den DAX möglich. Seit dem 24. Januar 1992 können Anleger Optionen auf DAX-Futures kaufen und verkaufen, die die vorliegende Untersuchung ausklammert. Eine Einführung zum Handel an der DTB, der am 26. Januar 1990 aufgenommen wurde, findet man bei H. Schmidt (1991a), S. 4-10; C. H. Daube (1993), S. 95-120. Zum Börsenterminhandel in Deutschland vor der DTB siehe F. Häuser u. R. Welter (1990a), S. 407-416; zu börslichen Aktienoptionsgeschäften auf dem Parkett nach der Verordnung des Bundesministers für Wirtschaft über die Zulassung von Wertpapieren zu Börsentermingeschäften vom 26. Juni 1970, S. 993, siehe H. Degner (1970); K. J. Hartung (1989), S. 37-47.

ERSTER TEIL

Die Zerlegung von Termingeschäften in Aktienindizes als ein normativer Ansatz zur Besteuerung

Ziel des ersten Teils ist es, einen normativen ökonomischen Ansatz zur Besteuerung von Termingeschäften in Aktienindizes zu formulieren. Zunächst werden Anforderungen an einen solchen Ansatz aufgestellt. Im weiteren leitet die Arbeit arbitrageorientierte Bewertungsmodelle ohne Steuern und mit Steuern für Aktienindex-Futures und Aktienindexoptionen her. Daraus läßt sich eine allgemeine Leitlinie zur Besteuerung von Termingeschäften aufstellen. Abschließend wird untersucht, wie Anleger und Terminmarktorganisatoren steuerliche Rahmenbedingungen beurteilen, die auf den Modellen beruhen.

A. Entwicklung normativer Steuermodelle

I. Anforderungen an einen normativen Ansatz zur Besteuerung von Termingeschäften

Um ökonomische Arrangements steuerlich einzustufen, hat es sich im Steuerrecht eingebürgert, mit traditionellen juristischen Verfahren zu arbeiten.[1] Im Ergebnis kleiden Rechtsnormen ökonomische Zusammenhänge in steuerrechtliche Tatbestandsmerkmale ein. Sie werden je nach Steuerart unterschiedlich miteinander verknüpft. Einkommensteuerlich werden Einkünfte aus abschließend aufgezählten Einkunftsarten besteuert.[2]

Ökonomen gehen einen anderen Weg, um steuerliche Fragen zu beantworten. Ihr Ansatz beruht darauf, daß ökonomische Prozesse die Wohlfahrt einer Volkswirtschaft erhöhen sollten. Ökonomische, juristische oder politische Beiträge werden deshalb anhand ihrer Auswirkungen auf die Wohlfahrt beurteilt.[3] Sie sind zu befürwor-

1) K. Tipke u. J. Lang (1991), S. 25-61, 89-117.

2) F. W. Wagner (1992), S. 8. Es besteht die Gefahr, ökonomische Zusammenhänge zu verzerren, wenn Juristen sie in "irgendwelche Rechtsfolgen" transformieren; W. Stützel (1966), S. 784-789.

3) E. Wenger (1986), S. 135 f.; H. Schmidt (1991b), S. 52.

ten, wenn mindestens eine Person besser und niemand schlechter gestellt wird (Pareto-Effizienz).[1]

Bei der praktischen Beurteilung einzelner Empfehlungen gelangt man zu der Frage, wie Wohlfahrtsveränderungen gemessen werden können. Sind zahlreiche Personen am Wirtschaftsprozeß beteiligt, ergeben sich Meßprobleme von Wohlfahrtsveränderungen, die dazu führen, einen Effizienzgewinn als einen Wohlfahrtsgewinn zu interpretieren und Verteilungs- oder Gerechtigkeitsaspekte zunächst zu vernachlässigen, da man sie in einer zweiten Stufe der Analyse aufgreifen kann.[2] Wegen der Meßprobleme erscheint es auch sachgerecht, die Einflüsse steuerlicher Restriktionen auf die Allokationseffizienz von Kapitalmärkten mit normativen Modellen zu erarbeiten und von empirischen Gesichtspunkten abzusehen.[3]

Unter den Bedingungen der allgemeinen Gleichgewichtstheorie läßt sich zeigen, daß rationales Planen einzelner Marktteilnehmer auf der Basis markträumender Güter- und Faktorpreise zu einer pareto-effi-

---

1) V. Pareto (1972), S. 103-180; J. Schumann (1992), S. 254-258, 271-274.

2) E. Wenger (1986), S. 135 f.; H. Schmidt (1991b), S. 53.

3) Es ist schwierig, die Nutzenfunktionen der Individuen zu ermitteln, die Auswirkungen der nichtsteuerlichen Einflußfaktoren zu eliminieren und Experimente mit unterschiedlichen Steuersystemen in der Praxis durchzuführen. Stichproben zum Vergleichen können nur durch das Gegenüberstellen verschiedener Zeiträume oder unterschiedlicher nationaler Steuersysteme gewonnen werden. Dabei ist es zweifelhaft, ob empirisch ermittelte Wohlstandsdifferenzen ausgerechnet auf steuerliche Restriktionen zurückzuführen sind; E. Wenger (1986), S. 135.

zienten Allokation der Ressourcen führt. Erweitert man das Grundmodell der allgemeinen Gleichgewichtstheorie um staatliche Aktivitäten, die durch Steuern finanziert werden, lassen sich Aussagen
über Steuersysteme machen.[1]

Das neue Marktgleichgewicht, das sich bei individuell rationaler
Anpassung der Steuerpflichtigen ergibt, ist nicht mehr pareto-effi-
zient im First-best-Zustand.[2] Das Abschwächen der Effizienzfor-
derungen im Sinn der Theory of second best[3] erlaubt dennoch einen angemessenen Zugang zur pareto-effizienten Gestaltung des
Steuersystems. Es läßt sich zeigen, daß ein pareto-effizientes Steuersystem vorliegt, wenn zwei Dimensionen der Entscheidungsneutralität erfüllt sind: Weder die zeitliche Aufteilung des Konsums
noch die Rangfolge der Vorteilhaftigkeit von Investitionsprojekten
dürfen davon abhängen, ob Individuen Steuern in ihren Entscheidungen berücksichtigen oder nicht.[4]

Im deutschen Einkommensteuerrecht bilden die Reinvermögenszugangstheorie sowie die Quellentheorie die Grundlagen für die

---

1)   G. Debreu (1975), S. 74-97; E. Wenger (1986), S. 136.

2)   E. Wenger (1986), S. 137-141.

3)   R. G. Lipsey u. K. Lancaster (1956/57), S. 11-17.

4)   G. Brennan u. T. McGuire (1975), S. 205-209; R. Elschen u. M.
      Hüchtebrock (1983), S. 279 f.; E. Wenger (1986), S. 137-141;
      ders. (1990), S. 187.

steuerlichen Rahmenbedingungen.[1] Es soll nicht möglicherweise vernünftigen Anregungen gefolgt werden, die eine Loslösung der Besteuerung von der Reinvermögenszugangstheorie und der Quellentheorie befürworten.[2] Diese Arbeit sucht also nicht nach dem besten Steuersystem überhaupt, sondern danach, wie man innerhalb des vorgegebenen Systems die Besteuerung gestalten sollte. Damit scheidet die Neutralität des Steuersystems gegenüber der zeitlichen Aufteilung des Konsums als Besteuerungsprinzip aus. Sie läßt sich innerhalb des bestehenden Konzepts nicht verwirklichen.[3] Investitionsneutralität ist im herkömmlichen Rahmen allerdings denkbar.[4]

---

1) J. Lang (1988), S. 49-54; K. Tipke u. J. Lang (1991), S. 200-202, 233-236. Vereinfachend kann man sagen: Der Wesensunterschied zwischen der Reinvermögenszugangstheorie und der Quellentheorie prägt den Dualismus der Gewinneinkünfte (§ 2 Abs. 2 Nr. 1 EStG) und der Überschußeinkünfte (§ 2 Abs. 2 Nr. 2 EStG), mit der Einschränkung, daß die quellenbezogene Besteuerung der Überschußeinkünfte um die Besteuerung der Einkünfte aus Spekulationsgeschäften (§ 22 Nr. 2 i.V.m. § 23 EStG) und die Einkünfte aus der Veräußerung von wesentlichen Beteiligungen an Kapitalgesellschaften (§ 17 EStG) erweitert wird.

2) Zu konkurrierenden Steuersystemen, wie beispielsweise der Besteuerung des gegenwärtigen Konsums oder der zinsbereinigten Einkommensteuer siehe I. Fisher (1937); S. Cnossen u. R. M. Bird (1990); H. Siebert (1990); E. Wenger (1990); M. Rose (1992).

3) E. Wenger (1986), S. 138 ff.; ders. (1990), S. 187. Es wird eingeräumt, daß man sich so weiter von einer pareto-effizienten Lösung entfernt, was in Kauf genommen werden kann, da die Arbeit nach der Einordnung von Termingeschäften in das bestehende Einkommensteuersystem sucht.

4) E. Wenger (1990), S. 187.

Zwischen der entscheidungsorientierten einzelwirtschaftlichen Investitionsneutralitätsbedingung und finanzwissenschaftlichen Neu-
tralitätsforderungen ist die Grenze recht fließend. Eine finanzwissenschaftliche Neutralitätsforderung besagt: Wenn Risikopositionen
auf effizienten Finanzmärkten mit adäquaten Risikozuschlägen be-
zahlt werden, darf das Steuersystem die Arbitrage auf diesen Märkten nicht stören. Die steuerlichen Vorschriften dürfen nicht die
durch den Wettbewerb geregelte Ressourcenallokation beeinflussen.[1] Die Überlegenheit einer Anlagealternative muß sich im
Wettbewerb trotz steuerlicher und anderer institutioneller Restriktionen zeigen. Anderenfalls verringert sich die Allokationseffizienz
eines Kapitalmarktes,[2] weil ineffiziente ökonomische Arrangements überleben können.[3]

Die finanzwissenschaftliche Neutralitätsforderung und die einzel-

---

1) R. Elschen u. M. Hüchtebrock (1983), S. 254; E. Wenger (1986),
S. 137; R. Elschen (1991), S. 109.

2) Vgl. R. Elschen (1989), S. 391-393. Steuerlich unverzerrte Entscheidungen sind nicht die einzige Voraussetzung für allokations-
effiziente Kapitalmärkte. Zusätzliche Kriterien sind Verfahrenseffi-
zienz, Marktbreite (Auswahl von Wertpapieren), unabhängige und
alerte Anleger sowie qualifizierte Wertpapieranalysten. Zur Bedeutung von Markttiefe, Anlegerschutz und Wettbewerb für Verfah-
rens- und Allokationseffizienz siehe H. Schmidt (1977), S. 31-38.

3) Beispielsweise war der Finanzplatz Deutschland im internationalen
Wettbewerb jahrelang durch Kapitalverkehrsteuern benachteiligt,
was ein Grund dafür war, daß die Entwicklung eines inländischen
DM-Geldmarktes behindert wurde; W. Stützel (1964), S. 556 f.;
H. Giersch u. H. Schmidt (1986), S. 86 f.; H. Schmidt (1988a), S.
58-60; K. D. Droste (1991), S. 3.

wirtschaftliche Investitionsneutralitätsbedingung lassen sich durch ein Besteuerungsprinzip verbinden, das man als Entscheidungsneutralität im Sinn steuerneutraler Märkte bezeichnen kann. Auf einem steuerneutralen Markt verändern Steuern die Rangfolge mehrerer Anlagealternativen nicht. Es ist angebracht, dieses Prinzip um steuerliche Sicherheit zu ergänzen, wenn man bedenkt, daß Anleger auch an verläßlichen steuerlichen Folgen interessiert sind.[1]

Auf Entscheidungsneutralität im Sinn steuerneutraler Märkte und auf steuerlicher Sicherheit beruhen die normativen ökonomischen Steuermodelle, die im folgenden hergeleitet werden. Ihnen liegt der Leitgedanke zugrunde, ökonomisch äquivalente Anlagealternativen durch Steuern nicht ungleich werden zu lassen. Stehen zwei gleichrangige Anlagealternativen zur Auswahl, dürfen die steuerlichen Vorschriften die Entscheidungen der Anleger nicht verzerren.

---

1) Sicherheit liegt vor, wenn vorhandene Informationen keinen Zweifel am Eintritt zukünftiger Ereignisse aufkommen lassen. Von Unsicherheit spricht man bei einer Situation, in der dem Entscheidenden die Wahrscheinlichkeiten für das Eintreten zukünftiger Ereignisse unbekannt sind, wobei zwischen Unsicherheit 1. Ordnung (Ereignisse sind bekannt) und Unsicherheit 2. Ordnung (Ereignisse sind unbekannt) unterschieden wird; H. Albach (1976), Sp. 4036 f. Für die vorliegende Untersuchung wird für den Fall fehlender steuerlicher Sicherheit angenommen, daß mögliche zukünftige Ereignisse zwar bekannt sind, aber keine Wahrscheinlichkeiten zugeordnet werden können (Unsicherheit 1. Ordnung). Zur Änderungsgeschwindigkeit steuerlicher Vorschriften siehe J. Voß (1992).

II.   Modellannahmen und Modellaufbau

1.   Nichtsteuerliche Grundlagen

a)   Ausgleichsarbitrage und Differenzarbitrage

Aus der Sicht eines Ökonomen, der zur Besteuerung von Termingeschäften Stellung bezieht, liegt es auf der Hand, sich an Modellen
zu orientieren, mit denen man Futures und Optionen bewerten
kann.[1] Weil Werte aus der Sicht des Käufers Beschaffungspreis-
obergrenzen und aus der Sicht des Verkäufers Abgabepreisunter-
grenzen sind,[2] läßt sich so am besten gewährleisten, daß fun-
dierte ökonomische Erkenntnisse in die steuerliche Beurteilung von
Termingeschäften einfließen. Das gilt besonders dann, wenn die
Werte Arbitragegleichgewichte widerspiegeln. Die Bewertungsmodelle eignen sich auch deshalb, weil sie die Wirkungszusammen-

---

1)   Es würde den Rahmen der Untersuchung sprengen, eine Übersicht
     über in der Literatur diskutierte Modelle zu erstellen, mit denen
     man Termingeschäfte bewerten kann. Eine Einführung zur Bewer-
     tung von Termingeschäften findet man beispielsweise bei J. C.
     Cox u. M. Rubinstein (1985), S. 127-163; S. D. Hodges et al.
     (1992); H. R. Stoll u. R. E. Whaley (1993), S. 30-46, 174-248.

2)   W. Stützel (1976), Sp. 4405. Bewerten heißt, die Bedeutung einer
     Gütermenge bezogen auf einen bestimmten Zweck zu quantifizie-
     ren, indem man den Umfang einer anderen Gütermenge angibt, die
     im Hinblick auf den Zweck als gleich bedeutsam anzusehen ist.
     Werte spiegeln also Gleichgewichte wider, die präferenzbehaftet
     oder präferenzfrei sein können. Spricht man von Preisen, handelt
     es sich um Mengenrelationen in tatsächlich zwischen selbständig
     vertragsfähigen Partnern abgeschlossenen Verträgen über den
     Austausch von Gütern.

hänge bei der Veränderung einer oder mehrerer den Wert von Finanzinstrumenten beeinflussenden Determinanten verdeutlichen.
Ebenfalls rechtfertigt es die Akzeptanz der Modelle in der Praxis, sie
zur steuerlichen Einordnung von Termingeschäften heranzuzie-
hen.[1]

Die folgenden Modelle beruhen auf der Grundannahme, es dürfe auf
funktionierenden Märkten, auf denen Arbitrage uneingeschränkt zulässig ist, keine unausgenutzten Arbitragemöglichkeiten geben.[2]
Dabei kann man zwischen Ausgleichsarbitrage und Differenzarbitrage unterscheiden.[3]

Unter Ausgleichsarbitrage versteht man die Wahl des günstigsten
Weges, eine gewünschte Position einzugehen. Stehen zwei Möglichkeiten zur Verfügung, eine ökonomisch äquivalente Plusposition
einzunehmen, wählt ein Anleger die kostengünstigere Variante. Gibt
es genügend Ausgleichsarbitrageure, werden sie so lange den
günstigeren Weg einschlagen, bis beide Anlagealternativen durch
die höhere Nachfrage nach der vorteilhaften Variante den gleichen

---

1) C. E. Kimball (1991), S. 874; vgl. C. H. Daube (1993), S. 185,
194, 286.

2) Zur Bedeutung von Arbitrage in der Finanzierungstheorie siehe D.
Bender (1977), S. 325 f.; J. E. M. Wilhelm (1985), S. 3-5; K.
Spremann (1986), S. 190-193; R. Breuer u. M. Skaruppe (1992),
S. 2-5; P. H. Dybvig u. S. A. Ross (1992), S. 43-50.

3) H.-J. Krümmel (1964), S. 492 f.

Preis haben.[1] Dann endet die Ausgleichsarbitrage. Der sichere Arbitragegewinn, das free Lunch, läßt sich als Differenz zwischen den jeweiligen Kursen (multipliziert mit der Menge) für die zwei möglichen Wege ermitteln, auf denen man die Position eingehen kann.[2] Man spricht von Differenzarbitrage, wenn ein Anleger gleichzeitig eine Position kauft sowie eine andere, ökonomisch äquivalente Position verkauft und sofort einen sicheren Gewinn erzielt.[3]

Im Gegensatz zu der vorgestellten zeitpunktbezogenen Betrachtung (Zeitpunktarbitrage) läßt sich auch nach dem Beginn der Anlageperiode ein free Lunch vereinnahmen, wenn ein Differenzarbitrageur gleichzeitig eine Plusposition sowie eine ökonomisch äquivalente Minusposition eingeht und beide Positionen über einen Zeitraum hält (Zeitraumarbitrage).[4] Die Höhe des Arbitragegewinns muß am Beginn der Anlageperiode nicht feststehen. Verluste muß man aber ausschließen können. Man braucht am Beginn der Anlageperiode keine Prognose über die Kursentwicklung am Ende der Anlageperiode.

---

1)   H.-J. Krümmel (1964), S. 493.

2)   J. E. M. Wilhelm (1985), S. 41.

3)   H.-J. Krümmel (1964), S. 493-498; J. E. M. Wilhelm (1985), S. 40 f.; K. Spremann (1986), S. 192, ders. (1990), S. 487.

4)   Vgl. J. E. M. Wilhelm (1985), S. 41.

Beide Arbitrageurgruppen gleichen Kursdisparitäten aus, Differenzarbitrageure aber vermutlich wirkungsvoller als Ausgleichsarbitrageure. Differenzarbitrageure beeinflussen die Märkte von zwei Seiten. Sie sind Nachfrager auf einem Markt und Anbieter auf einem
anderen Markt. Differenzarbitrageure stellen ihre Transaktionen erst
ein, wenn sie keine Gewinne mehr erzielen können. Ausgleichsarbitrageure sind durch ihre Bestandshaltepläne eingeschränkt.[1]

b)   Nichtsteuerliche Annahmen

Um Termingeschäfte in Aktienindizes zu bewerten, benötigt man
einige Annahmen, die die Rahmenbedingungen für den Kauf und
Verkauf von Finanzinstrumenten kennzeichnen. Es bietet sich an,
diese Annahmen in zwei Blöcke aufzuteilen: Nichtsteuerliche Annahmen und steuerliche Annahmen, damit man nichtsteuerliche und
steuerliche Rahmenbedingungen voneinander trennen kann. Die
nichtsteuerlichen Annahmen und die steuerlichen Annahmen gelten
für alle Anlageperioden.

Es gelten die folgenden nichtsteuerlichen Annahmen:

1.   Transaktionskosten beim Kauf oder Verkauf von Fi-
      nanzinstrumenten und bei der Entwicklung neuer Fi-
      nanzinstrumente fallen nicht an. Es gibt keine Infor-
      mationskosten. Alle Marktteilnehmer haben homogene

---

1)   H.-J. Krümmel (1964), S. 495 f.

Erwartungen über die bewertungsrelevanten Sachverhalte.

2. Die Marktteilnehmer sind Nutzenmaximierer und verhalten sich rational: Von zwei Titeln, die in jeder Zukunftslage den gleichen Wert aufweisen, kaufen sie denjenigen mit dem gegenwärtig niedrigeren Preis und verkaufen den Titel mit dem gegenwärtig höheren Preis.

3. Alle Finanzinstrumente sind beliebig teilbar.

4. Eine Geldanlage in bonitätsrisikofreien Titeln (Anleihen) und eine Emission bonitätsrisikofreier Titel sind jederzeit in unbeschränkter Höhe möglich. Der Anlagezinssatz ist positiv, im Zeitablauf konstant und entspricht dem Aufnahmezinssatz. Es existiert nur eine Währung, und es herrscht Geldwertstabilität.[1]

5. Leerverkäufe sind uneingeschränkt zulässig. Die Leerverkäufer erfüllen stets ihre Verpflichtungen und verfügen in voller Höhe über die Verkaufserlöse. Um Leerverkäufe durchführen zu können, werden Wertpapierdarlehen aufgenommen, für die keine Kosten anfallen. Der Darlehensnehmer muß dem Darlehensgeber aber einen Betrag in Höhe des Endwerts der Dividen-

---

1) Es kommt nicht zu einer inflationsbedingten Scheingewinnbesteuerung.

den zahlen, die während der Laufzeit des Darlehens fällig werden.

6. Alle Verträge werden erfüllt. Es müssen keine Sicher-heiten gestellt werden. Ein täglicher Gewinn- und Verlustausgleich der Termingeschäftspositionen findet nicht statt.

7. Dividenden sind hinsichtlich ihrer Höhe und ihres Aus-schüttungstermins am Beginn der Anlageperiode si-cher.[1] Es wird der Endwert der Dividenden zugrun-de gelegt, die bis zum Ende der Anlageperiode ausge-schüttet werden.[2] Zunächst wird angenommen, daß sich der Wert einer einzelnen Aktie am Ausschüt-tungstermin um den Betrag der gezahlten Dividende verringert.[3] Kapitalveränderungen werden nicht vor-genommen.

---

1) Die Arbeit geht von Bardividenden aus. Einfachheitshalber wird von Dividenden gesprochen.

2) Die ausgeschütteten Dividenden werden zum Zinssatz für bonitäts-risikofreie Titel bis zum Ende der Anlageperiode angelegt. Alterna-tiv kann man annehmen, daß die Dividenden am Ende der Anlage-periode gezahlt werden; M. S. Scholes u. M. A. Wolfson (1992), S. 416.

3) Es kann offenbleiben, ob die Dividendenzahlungen kontinuierlich oder diskret erfolgen. Bei Aktienindizes, die auf einer verhältnis-mäßig geringen Zahl von Aktien basieren, könnte es sich nach ei-ner Untersuchung von C. R. Harvey u. R. E. Whaley (1992) anbie-ten, diskrete Dividendenzahlungen zu berücksichtigen.

8. Es gibt keine nichtsteuerlichen gesetzlichen Restriktionen.

Man könnte das Grundmodell in einer weiteren Stufe verändern. Es könnte zum Beispiel der Tatsache Rechnung getragen werden, daß gewöhnlich Transaktionskosten anfallen.[1] Die vorliegende Untersuchung sieht aber davon ab, die nichtsteuerlichen Annahmen zu variieren. Das erleichtert es, sich auf steuerliche Aspekte zu konzentrieren.[2]

2. Bewertung und Besteuerung von Aktienindex-Futures

a) Nichtsteuerfall

Zusätzlich zu den nichtsteuerlichen Annahmen gilt für den Nichtsteuerfall die folgende steuerliche Annahme:

9. Es gibt keine Steuern.

---

1) M. Rubinstein u. H. E. Leland (1981); J. C. Cox u. M. Rubinstein (1985), S. 424 f.; F. Black (1989); S. Figlewski (1989).

2) Kritisch zu normativen Steuermodellen, die auf verhältnismäßig realitätsfernen Annahmen beruhen, J. S. Hughes (1978), S. 892; R. K. C. Kau (1990), S. 1004 f.; D. Miltz et al. (1991), S. 7 f.; D. Schneider (1992), S. 200-203. Allerdings ist es schwierig anzugeben, wie "real" Annahmen sein müssen. Theorien mit scheinbar irrealen Annahmen können zu sehr nützlichen Erkenntnissen führen; J. Drukarczyk (1980), S. 20 f.; ders. (1993), S. 1-5.

Das Cost-of-Carry-Modell, mit dem man Futures bewerten kann, beruht auf dem Gegenüberstellen zweier Anlagealternativen mit äquivalenten ökonomischen Ergebnissen, und zwar speziell auf dem Gedanken, Kassa- und Termingeschäfte seien zwei alternative Möglichkeiten zum Erreichen desselben Ziels. Man kann den Kauf von Futures als Alternative zum Kauf des Referenzgutes am Kassamarkt sehen.[1]

Es wird angenommen, daß ein Anleger steigende Aktienkurse erwartet und zwischen zwei Anlagealternativen wählen kann. Zum einen kann er am Kassamarkt ein Portefeuille kaufen, das die Zusammensetzung eines Aktienindex präzise repräsentiert (Indexportefeuille) und die Dividenden vereinnahmen. Am Ende der Anlageperiode verkauft der Anleger das Portefeuille (Anlagealternative I).

Zum anderen kann der Anleger am Terminmarkt Aktienindex-Futures kaufen und mit den frei zur Verfügung stehenden finanziellen Mitteln in Höhe des Werts des Indexportefeuilles bonitätsrisikofreie Titel erwerben,[2] die er hält, bis die Aktienindex-Futures am Ende

---

1) M. H. Miller (1989), S. 52; F. R. Edwards u. C. W. Ma (1992), S. 232 f.; B. Janßen u. B. Rudolph (1992), S. 57; H. Schmidt (1992a), S. 5 f.

2) Der Wert eines Indexportefeuilles wird stets als Marktwert des Indexportefeuilles verstanden. Der Wert eines Indexportefeuilles und der Marktpreis eines Indexportefeuilles sind Synonyme. Das gilt entsprechend für bonitätsrisikofreie Finanztitel.

der Anlageperiode bar erfüllt werden (Anlagealternative II).[1] Die
Zinsen werden am Ende der Anlageperiode gezahlt.

Die Futures werden an ihrem letzten Handelstag erfüllt. Der Termin
ist der Schlußabrechnungstag. Ende der Anlageperiode, letzter Handelstag, Schlußabrechnungstag und Erfüllungstag stimmen überein.
Einfachheitshalber wird dieser Termin im folgenden als Ende der
Anlageperiode bezeichnet. Der Schlußabrechnungspreis der Futures
ist der Wert des Indexportefeuilles am Ende der Anlageperiode und
entspricht dem erzielbaren Preis.[2]

---

1) Es handelt sich im folgenden um einen Kursindex. Käufer von Aktienindex-Futures erhalten im Vergleich zum Käufer des Indexportefeuilles keine Dividenden. Dagegen werden die Dividenden bei
einem Performanceindex rechnerisch wieder in der jeweiligen Aktie
angelegt. Aktienkäufer und Käufer von Futures werden gleichgestellt; B. Janßen u. B. Rudolph (1992), S. 22-26.

2) Genaugenommen handelt es sich um einen Aktienindex-Forward.
Diese Forwards werden am Ende der Anlageperiode bar abgerechnet. Bei Futures findet ein täglicher Gewinn- und Verlustausgleich
statt. Forwards und Futures könnten deshalb bis kurz vor dem
Erfüllungstermin unterschiedliche Werte haben, wenn die Zinssätze
für kurzfristige bonitätsrisikofreie Titel stochastisch sind; F. Black
(1976); J. C. Cox, J. E. Ingersoll, Jr., u. S. A. Ross (1981); R. A.
Jarrow u. G. S. Oldfield (1981); S. F. Richard u. M. Sundaresan
(1981). In empirischen Arbeiten gelangen R. J. Rendleman u. C. E.
Carabini (1979); B. Cornell u. M. Reinganum (1981); K. R. French
(1983); E. J. Elton, M. J. Gruber u. J. Rentzler (1984); H. Y. Park
u. A. H. Chen (1985), jedoch zu dem Ergebnis, daß die Unter-
schiede zwischen den Preisen von Forwards und Futures insignifi-
kant sind. Das läßt sich auf Aktienindex-Futures und Aktienindex-
Forwards übertragen; B. Cornell u. K. French (1983a), S. 676;
dies. (1983b), S. 1 f.; B. Cornell (1985), S. 89; vgl. M. S. Scholes
u. M. A. Wolfson (1992), S. 415.

Bei beiden Anlagealternativen nimmt der Anleger am Beginn der
Anlageperiode Auszahlungen in Höhe des Werts des Indexportefeuilles vor. Die einzige ungewisse Variable ist der Wert des Aktienportefeuilles am Ende der Anlageperiode. Beide Anlagealternativen
unterliegen also dem gleichen Risiko.

Wenn alle Arbitragemöglichkeiten ausgenutzt sind, läßt sich der
Wert eines Aktienindex-Future am Beginn der Anlageperiode wie
folgt herleiten:[1]

(1.1) $S^* + D^* - S = S (1 + r_B)^n - S + S^* - F$

mit:

D^* = Endwert der Dividenden, die bis zum Ende der
         Anlageperiode ausgeschüttet werden,

F = Wert eines Aktienindex-Future am Beginn der
       Anlageperiode,

n = Anzahl der Perioden bis zur Erfüllung eines
       Aktienindex-Future,

r_B = Zinssatz für eine Geldanlage in bonitätsrisiko-
        freien Titeln und Zinssatz für eine Emission bo-
        nitätsrisikofreier Titel,

---

1) B. Cornell u. K. R. French (1983a), S. 676-678; dies. (1983b), S.
    2-4; B. Cornell (1985), S. 89-91; R. S. Hamada u. M. S. Scholes
    (1985), S. 212; M. S. Scholes u. M. A. Wolfson (1991), S. 518
    f.; dies. (1992), S. 416 f.

S   =   Wert eines Indexportefeuilles am Beginn der Anlageperiode,

S^* =   Wert eines Indexportefeuilles am Ende der Anlageperiode.

Addiert man zu beiden Seiten der Gleichung (1.1) den Term S, erhält man in Gleichung (1.2) die Portefeuillewerte der Anlagealternativen I und II am Ende der Anlageperiode:[1]

(1.2) $S^* + D^* = S(1 + r_B)^n + S^* - F.$

Durch Umformen der Gleichung (1.2) erhält man den Wert des Aktienindex-Future am Beginn der Anlageperiode:

(1.3) $F = S(1 + r_B)^n - D^*.$

Zur Veranschaulichung stellt die folgende Tabelle 1.1 gegenüber, welche Zahlungsströme sich am Beginn und am Ende der Anlageperiode bei den Anlagealternativen I und II ergeben, wenn man D^* und r_B normiert, so daß n = 1 ist,

mit:

T   =   Ende der Anlageperiode,

t   =   zu konkretisierender Zeitpunkt.

---

1)   Der Wert des Portefeuilles ist die Summe der Werte der Einzelpositionen, die das Portefeuille bilden. Es gilt das Wertadditivitätstheorem; J. Drukarczyk (1980), S. 373-375; R. A. Brealey u. S. C. Myers (1991), S. 400 f., 457, 916 f.

Die Differenzreihe gibt an, daß die Zahlungsströme der beiden Anlagealternativen betraglich am Beginn und am Ende der Anlageperiode übereinstimmen. Die Anlagealternativen I und II sind also im Nichtsteuerfall gleichrangig.

Tab. 1.1   Zahlungsströme bei den Anlagealternativen I und II im Nichtsteuerfall

Zeitpunkt \ Komponente	t = 0	t = T
(I) Aktien *Kauf in t = 0*	- S	S^*
(I) Dividenden	-	D^*
(II) Future *Kauf in t = 0*	-	$S^* - F$
(II) Anleihe *Kauf in t = 0*	- S	$S(1 + r_B)$
Differenz zw. I u. II	0	0

Quelle: eigene Darstellung.[1]

---

1) $D^* = S(1 + r_B) - F.$

b)   Steuerfall

Im folgenden gelten anstelle der steuerlichen Annahme 9 (Nichtsteuerfall) die steuerlichen Annahmen 10 und 11 (Steuerfall):

10.   *Steuerliche Annahme zur Zuordnung der Ergebnisse zu*
       verschiedenen Einkunftsarten und innerhalb einer Ein-
       kunftsart

       Die folgenden laufenden Einkünfte sowie Gewinne und
       Verluste sind steuerlich relevant und bilden jeweils
       eine Einkunftsart:[1] Zinseinkünfte, Dividendenein-
       künfte, Gewinne und Verluste aus Aktien,[2] Gewin-
       ne und Verluste aus Aktienindex-Futures.

       Das heißt im einzelnen:

---

1)   Es handelt sich nicht um die Einkunftsarten im Sinn des Einkom-
      mensteuergesetzes, sondern um Einkunftsarten im Sinn der Steu-
      ermodelle. Um den Rahmen der Untersuchung nicht zu sprengen,
      scheint es vertretbar, Substanzsteuern und Verkehrsteuern auszu-
      klammern, obgleich eingeräumt wird, daß sie bei sonst gleichguten
      Entscheidungsalternativen im Ertragsteuerfall ausschlaggebend
      sein können; vgl. J. Jung u. C. Mack (1993), S. 333 f.; J. Jung u.
      U. Redanz (1993a), S. 70, 73, 76 f.; o.Verf. (1993a).

2)   Es scheint vertretbar, einfachheitshalber von Gewinnen und Ver-
      lusten aus einem Finanzinstrument, und nicht von Veräußerungs-
      gewinnen und -verlusten aus einem Geschäft in einem Finanzin-
      strument zu sprechen.

- Die Geschäfte werden nur von einem nationalen steuerlichen Regelwerk erfaßt. [1]

- Die Steuern werden durch Bescheid festgesetzt. Es werden keine Vorauszahlungen geleistet. Es gibt kein Quellen- und kein Zahlstellenabzugsverfahren.

- Die marginalen Steuersätze für die Einkunftsarten sind für sämtliche Anleger identisch und im Zeitablauf konstant. [2]

- Es gibt keine Steuerfreibeträge und Steuerfreigrenzen.

- Innerhalb der Einkunftsarten werden negative Ergebnisse zunächst vollständig mit positiven Ergebnissen verrechnet. Nichtausgeglichene

---

1) Die Besteuerung grenzüberschreitender Geschäfte wird einfachheitshalber nicht betrachtet; siehe dazu E. D. Kleinbard (1992), S. 40; OECD (1992); M. S. Scholes u. M. A. Wolfson (1992), S. 425-429, 435; J. Jung (1994), S. 76-84. Eine Besteuerung durch Gliedstaaten und Kommunen findet auch nicht statt.

2) Die vorliegende Untersuchung versteht unter dem marginalen Steuersatz den Barwert der heutigen und zukünftigen Steuerzahlungen pro Geldeinheit zusätzlicher zu versteuernder Einkünfte. Der durchschnittliche Steuersatz läßt sich als Barwert der heutigen und zukünftigen Steuerzahlungen dividiert durch den Barwert der zu versteuernden Einkünfte errechnen; M. S. Scholes u. M. A. Wolfson (1992), S. 145-149.

negative Ergebnisse einer Einkunftsart werden
bei positiven Ergebnissen anderer Einkunftsarten durch einen vollständigen Verlustausgleich berücksichtigt. Die Anleger erhalten bei
einem negativen Gesamtergebnis aus allen Einkunftsarten sofort eine Steuergutschrift.

- Anleger müssen Dividendeneinkünfte in voller
  Höhe versteuern. Es gibt kein Verfahren, mit
  dem gezahlte Steuern der dividendenzahlenden
  Gesellschaft auf die Steuern der Anleger ange-
  rechnet werden können. Dividenden, die an den
  Verleiher gezahlt werden, sind in voller Höhe
  steuerlich abziehbar.

- Anleger müssen Zinseinkünfte in voller Höhe
  versteuern. Zinseinkünfte sind nicht steuerlich
  begünstigt. Gezahlte Zinsen sind in voller Höhe
  steuerlich abziehbar.

- Es ist steuerlich irrelevant, wie lange Anleger
  Positionen halten.

- Es ist steuerlich irrelevant, aus welchen Motiven Anleger Termingeschäfte abschließen.

- Es ist steuerlich irrelevant, ob Termingeschäfte
  durch Lieferung oder Barausgleich erfüllt werden.

- 32 -

- Es ist steuerlich irrelevant, ob Anleger zuerst eine Plusposition oder eine Minusposition einge- hen.

- Es ist steuerlich irrelevant, welches Verbrauchs- folgeverfahren zugrunde gelegt wird.

11. Steuerliche Annahme zur zeitlichen Zuordnung der Ergebnisse

Alle laufenden Einkünfte sowie Gewinne und Verluste werden zum gleichen Zeitpunkt steuerlich erfaßt, un- abhängig davon, ob sie realisiert worden sind oder nicht. Es bietet sich an, von einem steuerlichen Mar- king-to-Market zu sprechen.

Im folgenden werden D^* und r_B normiert, so daß n = 1 ist. Wenn alle Arbitragemöglichkeiten ausgenutzt sind, läßt sich der Wert eines Aktienindex-Future im Steuerfall wie folgt herleiten:[1]

$$(1.4) \quad (S^* - S)(1 - s_S) + D^*(1 - s_D)$$
$$= (S^* - F)(1 - s_F) + S \times r_B(1 - s_B)$$

---

1) Vgl. M. S. Scholes u. M. A. Wolfson (1992), S. 416-418.

mit:

s_B =   marginaler Steuersatz für Zinseinkünfte,

s_D =   marginaler Steuersatz für Dividendeneinkünfte,

s_F =   marginaler Steuersatz für Gewinne und Verluste

aus Aktienindex-Futures,

s_S =   marginaler Steuersatz für Gewinne und Verluste

aus Aktien.

Die linke Seite der Gleichung (1.4) stellt das Gesamtergebnis der Anlagealternative I am Ende der Anlageperiode dar. Die rechte Seite der Gleichung (1.4) beschreibt das Gesamtergebnis der Anlagealternative II am Ende der Anlageperiode. Der Anleger ist wie im Nichtsteuerfall zwischen den beiden Anlagealternativen indifferent. Für den Wert des Aktienindex-Future ergibt sich zunächst:

$$(1.5) \qquad F = \{S[1 + r_B(1 - s_B) - s_S] - S^*(s_F - s_S)$$
$$- D^*(1 - s_D)\}/(1 - s_F).$$

Nach der steuerlichen Annahme zur Zuordnung der Ergebnisse zu verschiedenen Einkunftsarten und innerhalb einer Einkunftsart sind die marginalen Steuersätze s_B, s_D, s_F und s_S identisch. Es errechnet sich nach Umformen der Gleichung (1.5) für den Wert des Aktienindex-Future im Steuerfall:

$$(1.6) \qquad F = S(1 + r_B) - D^*.$$

Setzt man in Gleichung (1.3) für n = 1 ein, ergeben sich im Nichtsteuerfall und im Steuerfall identische Werte für den Aktienindex-Future.

Zerlegt man Gleichung (1.4), kann man zeigen, wie sich die Ergebnisse des Anlegers aus den Anlagealternativen I und II zusammensetzen. Kauft der Anleger entsprechend der Anlagealternative I die den Index repräsentierenden Aktien, vereinnahmt die Dividenden und hält die Stücke eine Periode, errechnet sich ein Ergebnis in Höhe von

(1.7) $\qquad (S^* - S)(1 - s_S) + D^*(1 - s_D).$

Der Term (1.7) stellt die linke Seite der Gleichung (1.4) dar.

Kauft der Anleger entsprechend der Anlagealternative II einen Aktienindex-Future und legt die frei zur Verfügung stehenden finanziellen Mittel bis zum Ende der Anlageperiode in bonitätsrisikofreien Titeln an, hat er ein Gesamtergebnis in Höhe von

(1.8) $\qquad (S^* - F)(1 - s_F) + S \times r_B(1 - s_B).$

Der Term (1.8) stellt die rechte Seite der Gleichung (1.4) dar.

Durch Umformen der Terme (1.7) und (1.8) läßt sich der Gewinn oder Verlust aus einem Aktienindex-Future mit

(1.9) $\qquad (S^* - F)(1 - s_F)$
$\qquad\qquad = (S^* - S)(1 - s_S) + D^*(1 - s_D) - S \times r_B(1 - s_B)$

ermitteln.

Aus Gleichung (1.9) ist ersichtlich, daß das Ergebnis aus dem Kauf eines Aktienindex-Future im Arbitragegleichgewicht mit dem kreditfinanzierten Kauf der Aktien und dem Vereinnahmen der Dividenden übereinstimmt.

Zur Veranschaulichung stellt die Tabelle 1.2 die Zahlungsströme bei den Anlagealternativen I und II am Beginn und am Ende der Anlageperiode gegenüber. Die Differenzreihe gibt an, daß die Zahlungsströme der beiden Anlagealternativen im Steuerfall betraglich am Beginn und am Ende der Anlageperiode übereinstimmen, wenn man berücksichtigt, daß sich im Steuerfall aus Gleichung (1.6) die Gleichung

$$(1.10) \qquad D^*(1 - s_D) = [S(1 + r_B) - F] \, (1 - s_D)$$
$$= (S + Sr_B - F) \, (1 - s_D)$$
$$= S + Sr_B - F - s_D S - s_D Sr_B + s_D F$$

ergibt, und daß annahmegemäß die marginalen Steuersätze alle gleich sind. Die Anlagealternativen I und II sind also auch unter Berücksichtigung von Steuern gleichrangig.

Tab. 1.2   Zahlungsströme bei den Anlagealternativen I
und II im Steuerfall

Zeitpunkt / Komponente	$t = 0$	$t = T$
(I) Aktien *Kauf in t = 0*	- S	$S^* - (S^* - S)s_S$
(I) Dividenden	-	$D^*(1 - s_D)$
(II) Future *Kauf in t = 0*	-	$(S^* - F)(1 - s_F)$
(II) Anleihe *Kauf in t = 0*	- S	$S[1 + r_B(1 - s_B)]$
Differenz zw. I u. II	0	0

Quelle: eigene Darstellung.[1]

Man kann diese Überlegung auf weitere Fälle übertragen. Zunächst
wird angenommen, daß ein Anleger sinkende Aktienkurse erwartet.
Er kann zwischen den Anlagealternativen "Leerverkauf der Aktien

1)   Für $t = T$ gilt wegen $s_B = s_D = s_F = s_S$: $D^*(1 - s_D) = [S(1 + r_B) - F] (1 - s_D)$.

und Anlage des Verkaufserlöses in bonitätsrisikofreien Titeln" oder "Verkauf eines Aktienindex-Future" wählen. Durch Multiplikation der Gleichung (1.9) mit (-1) läßt sich errechnen, welche Ergebnisse der Anleger bei Arbitragefreiheit erzielen kann. Darüber informiert Gleichung (1.11):

(1.11) $(F - S^*)(1 - s_F)$

$$= - (S^* - S)(1 - s_S) - D^*(1 - s_D) + S \times r_B(1 - s_B).$$

Das Ergebnis aus dem Verkauf des Aktienindex-Future, also dem Barausgleich am Ende der Anlageperiode, läßt sich durch den Leerverkauf der Aktien am Beginn der Anlageperiode und Kauf der Aktien am Ende der Anlageperiode, Zahlung in Höhe des Endwerts der Dividenden sowie Anlage des Verkaufserlöses in bonitätsrisikofreien Titeln bis zum Ende der Anlageperiode nachbilden.

Die direkte Anlage in bonitätsrisikofreien Titeln läßt sich, das legt die obige Gleichung nahe, duplizieren. Ein Anleger könnte zu diesem Zweck Aktien kaufen und Aktienindex-Futures verkaufen. Das zeigt Gleichung (1.12):

(1.12) $S \times r_B(1 - s_B)$

$$= (F - S^*)(1 - s_F) + (S^* - S)(1 - s_S) + D^*(1 - s_D).$$

Die folgende Gleichung (1.13) zeigt, daß es auch möglich ist, durch den Kauf von Aktienindex-Futures und den Verkauf von Aktien die Zinszahlung für einen aufgenommenen Kredit nachzubilden:

(1.13) $-S \times r_B(1 - s_B)$

$= (S^* - F)(1 - s_F) - (S^* - S)(1 - s_S) - D^*(1 - s_D).$

In allen Fällen führen die gegenübergestellten Anlagealternativen auch unter Berücksichtigung von Steuern zu gleichen Ergebnissen.

Da es hier um die Besteuerung von Termingeschäften geht, sei auf die unter diesem Aspekt vorgenommene Duplizierung zurückgekommen. Nach Gleichung (1.9) entspricht der Kauf von Futures dem kreditfinanzierten Kauf des Basisportefeuilles. Daraus läßt sich die Leitlinie eines normativen Ansatzes zur Besteuerung von Termingeschäften ableiten. Kaufen Anleger Aktienindex-Futures und halten die Position, bis sie bar erfüllt wird, sollte das Termingeschäft steuerlich wie das Ergebnis aus dem kreditfinanzierten Kauf der den Index repräsentierenden Aktien, das Vereinnahmen der Dividenden sowie die Zinszahlung für den aufgenommenen Kredit beurteilt werden.

Das kann man verallgemeinern: Das Ergebnis aus dem Öffnen und dem anschließenden Ausgleich einer zuerst eingegangenen Plusposition in einem Terminmarktinstrument sollte man steuerlich wie die Gewinne und Verluste aus dem Öffnen und folgenden Schließen einer Position in dem diesem Termingeschäft zugrundeliegenden Gut, die Einkünfte aus dem Halten des Referenzgutes und die Zinszahlung zur Kreditfinanzierung des Referenzgutes einordnen. Um eine Antwort darauf zu geben, wie Termingeschäfte besteuert werden sollten, drängt es sich aus diesem Blickwinkel geradezu auf, die Termingeschäftsalternative zu zerlegen, um zu gewährleisten, daß sie wie die ökonomisch äquivalente Anlagealternative aus Kassapositionen besteuert wird.

Die folgenden Abschnitte untersuchen, ob sich dieser Vorschlag auch zur Besteuerung von Aktienindexoptionen eignen könnte.

3. Bewertung und Besteuerung von Aktienindexoptionen

a) Nichtsteuerfall

Es wird angenommen, daß ein Anleger steigende Aktienkurse erwartet und Aktienindexkaufoptionen europäischen Typs kaufen und Aktienindexverkaufsoptionen europäischen Typs verkaufen sowie die ihm frei zur Verfügung stehenden finanziellen Mittel in bonitätsrisikofreien Finanztiteln bis zum Ende der Anlageperiode anlegen kann (Anlagealternative III).

Am Beginn der Anlageperiode zahlt der Anleger die Prämien für den Kauf der Kaufoptionen und vereinnahmt die Prämien aus dem Verkauf der Verkaufsoptionen. Am Ende der Anlageperiode werden die Optionen bar abgerechnet. Ende der Anlageperiode, Ausübungstag, Erfüllungstag und letzter Handelstag der Optionen stimmen überein. Einfachheitshalber wird dieser Termin als Ende der Anlageperiode bezeichnet. Dann wird auch der Schlußabrechnungspreis der Optionen festgestellt. Der Schlußabrechnungspreis der Optionen ist der Wert des Indexportefeuilles am Ende der Anlageperiode und entspricht dem erzielbaren Preis.

Im weiteren werden die Bedingungen hergeleitet, unter denen ein Anleger zwischen den Anlagealternativen II (Kauf eines Future, Anlage der frei zur Verfügung stehenden finanziellen Mittel in bonitätsrisikofreien Finanztiteln bis zum Ende der Anlageperiode) und III (Kauf einer Kaufoption und Verkauf einer Verkaufsoption sowie Anlage der frei zur Verfügung stehenden finanziellen Mittel in bonitätsrisikofreien Finanztiteln bis zum Ende der Anlageperiode) indifferent ist. Es bietet sich dazu an, von der Put-Call Parity auszugehen.[1] Die Put-Call Parity beruht auf dem Grundgedanken, daß man im Arbitragegleichgewicht keine Überrenditen auf risikofreie Geschäfte erwirtschaften kann. Für den Fall, daß die nichtsteuerlichen Annahmen gelten, es keine Steuern gibt, alle Optionen europäischen Typs sind, Kaufoptionen und Verkaufsoptionen gleiche Basispreise und gleiche Verfalltage haben und während der Optionsfrist keine Dividenden gezahlt werden, läßt sich zeigen: Bei gleichzeitigem Kauf von Verkaufsoptionen sowie des Basiswerts und Verkauf von Kaufoptionen am Beginn der Anlageperiode erhält der Anleger am Ende der Anlageperiode den Basispreis.

Liegt am Ende der Anlageperiode der Marktpreis des Basiswerts unter dem Basispreis, wird der Optionsinhaber die Verkaufsoption ausüben. Liegt der Marktpreis des Basiswerts über dem Basispreis, wird die Kaufoptionen gegen den Stillhalter ausgeübt. Stimmen am Ende der Anlageperiode der Marktpreis des Basiswerts und der

---

1)   Zur Herleitung der Put-Call Parity bei Aktienoptionen siehe H. R. Stoll (1969); H. Schmidt (1988a), S. 77 f.; L. Jurgeit (1989), S. 84-86; zur Put-Call Parity bei Aktienindexoptionen siehe H. R. Stoll u. R. E. Whaley (1993), S. 346-348.

Basispreis überein, kann der Anleger die Aktie zum Basispreis verkaufen.

In einer Gleichung läßt sich dieses Wertverhältnis von Aktienindexkaufoptionen europäischen Typs zu Aktienindexverkaufsoptionen europäischen Typs wie folgt ausdrücken:

(1.14) $\qquad C_e = P_e + S - E(1 + r_B)^{-n}$

mit:

C_e = Wert einer Kaufoption europäischen Typs auf einen Aktienindex am Beginn der Anlageperiode,

E = Basispreis einer Option,

n = Anzahl der Perioden bis zum Verfall einer Option europäischen Typs auf einen Aktienindex,

P_e = Wert einer Verkaufsoption europäischen Typs auf einen Aktienindex am Beginn der Anlageperiode.

Wenn zusätzlich Dividenden ausgeschüttet werden, verändert sich Gleichung (1.14) zu Gleichung (1.15)[1]:

---

1)   J. C. Cox u. M. Rubinstein (1985), S. 42-44; D. M. Chance (1991), S. 101. Es handelt sich um nichtdividendengeschützte Optionen. Käufer von Optionen erhalten keine Kompensation für die Minderung des Basiswerts durch die Ausschüttungen.

(1.15) $C_e = P_e + S - D - E(1 + r_B)^{-n}$

mit:

D   =   Barwert der Dividenden, die bis zum Ende der Anlageperiode ausgeschüttet werden.

Für n = 1 erhält man durch Umformen der Gleichung (1.15) die Gleichung (1.16):

(1.16) $C_e = P_e + S - D - E/(1 + r_B)$.

Durch weiteres Umformen erhält man

(1.17) $C_e - P_e = S - D - E/(1 + r_B)$.

Die Erkenntnisse aus der Put-Call Parity lassen sich zur Herleitung einer Put-Call-Futures Parity nutzen,[1] die hier betrachtet werden muß, um die Anfangsauszahlung von Anlagealternative III zu bestimmen. Zusätzlich wird für diesen Zweck angenommen, daß die Basispreise der Optionen mit dem Kurs des Aktienindex-Future am Beginn der Anlageperiode übereinstimmen. Man kann Gleichung (1.17) zu Gleichung (1.18) umformen:

(1.18) $C_e - P_e = S - D - F/(1 + r_B)$.

---

1)   J. C. Cox u. M. Rubinstein (1985), S. 59-62; T. E. Copeland u. J. F. Weston (1988), S. 322-324; R. M. Bookstaber (1991), S. 35 f.; D. M. Chance (1991), S. 519 f.

Nach Gleichung (1.6) kann man einen Aktienindex-Future für n = 1 mit

(1.6) $\qquad F = S(1 + r_B) - D^*$

bewerten. Setzt man Gleichung (1.6) in Gleichung (1.18) ein, ergibt sich Gleichung (1.19):

(1.19) $\qquad P_e - C_e = 0.$

Aus Gleichung (1.19) ist ersichtlich, daß man den Kauf einer Kaufoption mit dem Erlös aus dem Verkauf einer Verkaufsoption finanzieren kann. Ebenfalls ist bekannt, daß sich beim Kauf eines Aktienindex-Future annahmegemäß eine Anfangsauszahlung von null ergibt. Bei den Anlagealternativen II und III stimmen also die Zahlungsströme am Beginn der Anlageperiode betraglich überein, da sich auch die Anlagen in bonitätsrisikofreien Titeln in den Anlagealternativen II und III gleichen. Deshalb läßt es sich rechtfertigen, die Zinseinkünfte im weiteren zu vernachlässigen.

Im folgenden wird gezeigt, daß am Ende der Anlageperiode die Zahlungsströme aus dem Kauf einer Aktienindexkaufoption und dem Verkauf einer Aktienindexverkaufsoption betraglich mit den Zahlungsströmen aus einer Plusposition in Aktienindex-Futures übereinstimmen.

Ist $S^* > E$, dann verfällt die Verkaufsoption und aus der verkauften Verkaufsoption ergibt sich keine Zahlung. Der Anleger übt die

Kaufoption aus und erzielt einen Gewinn in Höhe von S^* - E. Kauft der Anleger einen Aktienindex-Future, realisiert er ebenfalls einen Gewinn in Höhe von S^* - E.[1] Beide Anlagealternativen führen zu gleichen Zahlungsströmen am Ende der Anlageperiode.

Ist S^* < E, verfällt die Kaufoption. Die Verkaufsoption wird ausgeübt, was zu einem Verlust in Höhe von S^* - E führt. Kauft der Anleger einen Aktienindex-Future, erleidet er ebenfalls einen Verlust in Höhe von S^* - E. Die Anlagealternativen II und III führen am Ende der Anlageperiode auch hier zu gleichen Ergebnissen.

Ist S^* = E, übt der Inhaber der Verkaufsoption nicht aus. Auch die Kaufoption verfällt. Aus dem Future ergeben sich ebenfalls keine Zahlungen.

Zur Veranschaulichung stellt die Tabelle 1.3 die Zahlungsströme am Beginn und am Ende der Anlageperiode gegenüber. Man kann festhalten, daß der Kauf eines Aktienindex-Future (Anlagealternative II) und der Kauf einer Aktienindexkaufoption sowie der Verkauf einer Aktienindexverkaufsoption (Anlagealternative III) zu übereinstimmenden Ergebnissen führen.

---

1) E und F stimmen überein. Einfachheitshalber kann man schreiben, daß der Käufer eines Future einen Gewinn in Höhe von S^* - E erzielt.

Tab. 1.3   Zahlungsströme bei den Anlagealternativen II
und III im Nichtsteuerfall[1]

Zeitpunkt / Komponente	t = 0	t = T		
		$S^* > E$	$S^* = E$	$S^* < E$
(II) Future *Kauf in t = 0*	-	$S^* - E$	-	$S^* - E$
(III) Kaufoption *Kauf in t = 0*	$- C_e$	$S^* - E$	-	-
(III) Verkaufsoption *Verkauf in t = 0*	$+ P_e$	-	-	$S^* - E$
Differenz zw. II u. III	0	0	0	0

Quelle: eigene Darstellung.

---

1)   Da sich bei beiden Anlagealternativen die Anlagen in bonitätsrisikofreien Finanzititeln am Beginn der Anlageperiode gleichen, läßt
es sich einfachheitshalber rechtfertigen, die Zinseinkünfte in der
Darstellung zu vernachlässigen.

b)   Steuerfall

Die steuerliche Annahme 10 zur Zuordnung der Ergebnisse zu verschiedenen Einkunftsarten und innerhalb einer Einkunftsart wird
ergänzt. Der erste Satz wird geändert und lautet neu formuliert
(Ergänzung im Kursivdruck):

> Die folgenden laufenden Einkünfte sowie Gewinne und Ver-
> luste sind steuerlich relevant und bilden jeweils eine Ein-
> kunftsart:

> Zinseinkünfte, Dividendeneinkünfte, Gewinne und Verluste
> aus Aktien, Gewinne und Verluste aus Aktienindex-Futures
> *sowie Gewinne und Verluste aus Kaufoptionen europäischen*
> *Typs auf einen Aktienindex und aus Verkaufsoptionen euro-*
> *päischen Typs auf einen Aktienindex.*

Vereinnahmte Prämien werden steuerlich wie Gewinne aus Optionen behandelt. Obwohl die Prämien am Beginn der Anlageperiode
zufließen, müssen die Steuern erst am Ende der Anlageperiode
gezahlt werden. Die vereinnahmten Prämien unterliegen keinem
Abzug beim Zufluß am Beginn der Anlageperiode. Gezahlte Prämien
werden steuerlich wie Verluste aus Optionen behandelt.

Es interessiert im weiteren, ob die steuerlichen Annahmen die
Gleichrangigkeit der Anlagealternativen II und III verändern.

Kauft ein Anleger eine Kaufoption und verkauft eine Verkaufsoption, ergeben sich am Ende der Anlageperiode folgende Ergebnisse für S^* > E. Der Inhaber der Kaufoption übt aus und erhält eine Gutschrift in Höhe der Differenz zwischen dem Kurs des Indexportefeuilles am Ende der Anlageperiode und dem Basispreis. Die gezahlte Prämie mindert das Ergebnis. Dem Anleger verbleibt aus dem Kauf der Kaufoption:

(1.20) $(S^* - E - C_e)(1 - s_O)$

mit:

s_O =   Marginaler Steuersatz für Gewinne und Verluste aus Kaufoptionen europäischen Typs auf einen Aktienindex und aus Verkaufsoptionen europäischen Typs auf einen Aktienindex.

Der Inhaber der Verkaufsoption übt nicht aus. Der Stillhalter leistet keine Differenzzahlung. Er zahlt am Ende der Anlageperiode Steuern in Höhe von

(1.21) $- P_e s_O.$

Aus dem Verkauf der Verkaufsoption verbleibt

(1.22) $P_e(1 - s_O).$

Für das Portefeuille aus der gekauften Indexkaufoption und der verkauften Indexverkaufsoption ergibt sich als Addition der Terme

(1.20) und (1.22) ein Gesamtergebnis in Höhe von

(1.23) $(S^* - E - C_e + P_e)(1 - s_0)$.

Ist $S^* < E$, übt der Inhaber der Kaufoption nicht aus. Für den Anleger ist die gezahlte Prämie steuerlich abziehbar. Sie mindert die Steuerzahlung in Höhe von

(1.24) $C_e s_0$.

Das Ergebnis aus dem Kauf der Kaufoption beträgt

(1.25) $- C_e(1 - s_0)$.

Wegen der Verkaufsoption zahlt der Anleger an den Optionsinhaber einen Barausgleich in Höhe von $S^* - E$. Die vereinnahmte Prämie in Höhe von P_e mindert den Verlust. Aus dem Verkauf der Verkaufsoption verbleibt:

(1.26) $(S^* - E + P_e)(1 - s_0)$.

Für das Portefeuille aus der gekauften Aktienindexkaufoption und der verkauften Aktienindexverkaufsoption ergibt sich als Ergebnis der Addition der Terme (1.25) und (1.26) ein Gesamtergebnis in Höhe von:

(1.27) $(S^* - E - C_e + P_e)(1 - s_0)$.

Nach Gleichung (1.19) gilt

(1.19) $P_e - C_e = 0.$

Man kann die Terme (1.23) und (1.27) daher zu Term

(1.28) $(S^* - E)(1 - s_O)$

vereinfachen. Mit den Annahmen $E = F$ und $s_F = s_O$ kann man auch das Ergebnis aus dem Kauf eines Future mit Term (1.28) ausdrücken. Die Anlagealternativen II und III führen deshalb bei $S^* >$ E und $S^* <$ E zu übereinstimmenden Ergebnissen:

(1.29) $(S^* - E)(1 - s_O) = (S^* - F)(1 - s_F).$

Ist $S^* = E$, übt der Anleger die Kaufoption nicht aus. Das Ergebnis beträgt:

(1.25) $- C_e(1 - s_O).$

Der Inhaber der Verkaufsoption übt auch nicht aus. Der Anleger hat aus dem Verkauf der Verkaufsoption Einnahmen in Höhe von

(1.22) $P_e(1 - s_O).$

Da P_e und C_e betraglich übereinstimmen, ergibt sich insgesamt weder eine Steuerzahlung noch eine Steuergutschrift. Das ist auch der Fall, wenn der Anleger einen Future kauft. Die Gleichung (1.30)

zeigt, daß beide Anlagealternativen auch bei $S^* = E$ zu gleichen Ergebnissen führen:

(1.30) $(P_e - C_e)(1 - s_0) = (S^* - F)(1 - s_F)$.

Die folgende Tabelle 1.4 stellt die Zahlungsströme aus den Anlage-alternativen II und III gegenüber. Die bei beiden Anlagealternativen anfallenden Zinszahlungen aus der Anlage in bonitätsrisikofreien Finanztiteln werden einfachheitshalber wie im Nichtsteuerfall vernachlässigt.[1]

---

1)   Siehe Abschnitt A. II. 3. a) des ersten Teils.

Tab. 1.4   Zahlungsströme bei den Anlagealternativen II und III im Steuerfall

Zeitpunkt \ Komponente	t = 0	t = T $S^* > E$	t = T $S^* = E$	t = T $S^* < E$
(II) Future Kauf in t = 0	-	$(S^* - E)(1 - s_F)$	-	$(S^* - E)(1 - s_F)$
(III) Kaufoption Kauf in t = 0	$- C_e$	$(S^* - E)(1 - s_O)$ $+ C_e s_O$	$C_e s_O$	$C_e s_O$
(III) Verkaufsoption Verkauf in t = 0	$+ P_e$	$- P_e s_O$	$- P_e s_O$	$(S^* - E)(1 - s_O)$ $- P_e s_O$
Differenz zw. II u. III	0	0	0	0

Quelle: eigene Darstellung.

Also führen die Anlagealternativen II und III auch im Steuerfall zu gleichen Ergebnissen. Man könnte die steuerliche Einordnung von Futures also auch aus der Zerlegung in verschiedene Optionspositionen ableiten und umgekehrt.

Man kann aber auch in einem weiteren Schritt Optionen und Aktien miteinander vergleichen, was das Ziel der folgenden Überlegungen ist. Es ist bekannt, daß man den Kauf einer Aktienkaufoptionen europäischen Typs durch den Kauf der entsprechenden Aktie und die Emission bonitätsrisikofreier Titel nachbilden kann.[1] Für ein Modell ohne spezifizierte Risikopräferenzen gilt, daß beide Anlagealternativen zu übereinstimmenden Ergebnissen führen.[2]

Diese Überlegung kann man auf Aktienindexkaufoptionen europäischen Typs übertragen. Es wird angenommen, daß ein Anleger steigende Aktienkurse erwartet und zwischen der Anlagealternative I (Kauf eines Aktienportefeuilles am Kassamarkt, das die Zusammensetzung eines Aktienindex präzise repräsentiert (Indexportefeuille), Vereinnahmen der Dividenden) sowie dem Kauf einer Aktienindexkaufoption europäischen Typs und Anlage der nach Zahlung der Optionsprämie zur Verfügung stehenden finanziellen Mittel in bonitätsrisikofreien Titeln bis zum Ende der Anlageperiode (Anlagealternative IV) wählen kann. Der Basispreis der Option gleicht dem Kurs des Indexportefeuilles am Beginn der Anlageperiode. Der Kursverlauf des Indexportefeuilles bis zum Ende der Anlageperiode entspricht einem multiplikativen Binomialprozeß mit konstanten

---

1) F. Black u. M. Scholes (1973); R. C. Merton (1973); J. Cox, S. A. Ross u. M. Rubinstein (1979); M. Rubinstein u. H. E. Leland (1981); J. C. Cox u. M. Rubinstein (1985), S. 165-252.

2) Es lassen sich Modelle ohne spezifizierte Risikopräferenzen (Duplikationsmodelle), Modelle ohne genau spezifizierte Risikopräferenzen und Modelle mit genau spezifizierten Risikopräferenzen unterscheiden; L. Jurgeit (1989), S. 90-173; ders. (1990), S. 118-120. Das Steuermodell für Aktienindexoptionen ist ein Duplikationsmodell.

Kursänderungsparametern. Zum Beispiel kann sich der Kurs des Indexportefeuilles bis zum Ende der Anlageperiode verdoppeln oder halbieren. Wegen der mittlerweile weiten Verbreitung der Grundmodelle scheint es in der vorliegenden Untersuchung vertretbar, von ihrer Herleitung für den Nichtsteuerfall Abstand zu nehmen,[1] und sich gleich dem Steuerfall zu widmen.

Wenn alle Arbitragemöglichkeiten ausgenutzt sind, lassen sich die Vermögenspositionen beider Anlagealternativen im Steuerfall wie folgt herleiten, wenn eine Periode betrachtet wird:

$$(1.31) \quad hS^* - h(S^* - S)s_S + D^*(1 - s_D)$$
$$= C_e^* - (C_e^* - C_e)s_0 + B[1 + r_B(1 - s_B)]$$

mit:

B	=	Wert eines bonitätsrisikofreien Titels am Beginn der Anlageperiode (hier: im Umfang $hS - C_e$),
C_e^*	=	Wert einer Kaufoption europäischen Typs auf einen Aktienindex am Ende der Anlageperiode,
h	=	Anteil von Aktien am Gesamtportefeuille.[2]

---

1) J. Cox, S. A. Ross u. M. Rubinstein (1979); L. Jurgeit (1989), S. 50-118; H. R. Stoll u. R. E. Whaley (1993), S. 345-350.

2) Zur Bestimmung der Anteile von Aktien und bonitätsrisikofreien Titeln siehe zum Beispiel L. Jurgeit (1989), S. 102-108. J. C. Cox und M. Rubinstein (1985), S. 272 f., leiten auch her, daß sich die Anteile von Aktien und bonitätsrisikofreien Titeln nicht verändern, wenn alle Einkünfte gleich besteuert werden; vgl. M. S. Scholes
(Fortsetzung...)

- 54 -

Kauft ein Anleger entsprechend der Anlagealternative I Aktien, vereinnahmt die Dividenden und hält das Portefeuille eine Periode, hat er am Ende der Anlageperiode eine Position in Höhe von

(1.32) $\quad hS^* - h(S^* - S)s_S + D^*(1 - s_D)$.

Kauft der Anleger entsprechend der Anlagealternative IV eine Aktienindexkaufoption und legt die verbleibenden finanziellen Mittel in bonitätsrisikofreien Titeln an, hat er eine Position in Höhe von

(1.33) $\quad C_e^* - (C_e^* - C_e)s_O + B[1 + r_B(1 - s_B)]$.

Durch Umformen der Gleichung (1.31) läßt sich der Wert der Optionsposition mit

(1.34) $\quad C_e^* - (C_e^* - C_e)s_O$
$\quad\quad = hS^* - h(S^* - S)s_S + D^*(1 - s_D) - B[1 + r_B(1 - s_B)]$

darstellen. Ein Anleger kann also alternativ zu einer Optionsposition eine teilweise kreditfinanzierte Aktienposition eingehen. Steuern verändern hier nicht die Gleichrangigkeit der Anlagealternativen. Mit Gleichung (1.35) läßt sich der Gewinn oder Verlust aus dem Optionsgeschäft errechnen:

---

2)(...Fortsetzung)
(1976), S. 320, 323, 327; C. P. Kaplanis (1986), S. 416; G. Plötz (1991), S. 172-175.

(1.35) $(C_e^* - C_e)(1 - s_O)$

$= h(S^* - S)(1 - s_S) + D^*(1 - s_D) - B \times r_B(1 - s_B).$

Die linke Seite der Gleichung (1.35) zeigt das Ergebnis aus dem Optionsgeschäft. Die rechte Seite der Gleichung (1.35) stellt die Gewinne oder Verluste aus Aktien, die Dividendeneinkünfte und die geleistete Zinszahlung für die Kreditaufnahme dar.

Steigen die Aktienkurse, ergibt sich für C_e^* die Differenz $S^* - E$. Umgeformt ergibt sich aus Gleichung (1.35) für $S^* > E$ die Gleichung (1.36):

(1.36) $(S^* - E - C_e)(1 - s_O)$

$= h(S^* - S)(1 - s_S) + D^*(1 - s_D) - B \times r_B(1 - s_B).$

Für $S^* < E$ verändert sich Gleichung (1.35) zu Gleichung (1.37). Am Ende der Anlageperiode hat die Kaufoption einen Wert von null. Der Anleger kann die gezahlte Prämie steuerlich geltend machen:

(1.37) $- C_e(1 - s_O)$

$= h(S^* - S)(1 - s_S) + D^*(1 - s_D) - B \times r_B(1 - s_B).$

Die folgende Tabelle 1.5 stellt die Zahlungsströme am Beginn und am Ende der Anlageperiode dar. Es ist deutlich, daß die Anlagealternativen I und IV auch im Steuerfall gleichrangig sind.

Tab. 1.5   Zahlungsströme bei den Anlagealternativen I und IV
im Steuerfall

Zeitpunkt / Komponente	$t = 0$	$t = T$	
		$S^* > E$	$S^* < E$
(I) Aktien *Kauf in t = 0*	$h(-S)$	$hS^* - h(S^* - S)s_S$	$hS^* - h(S^* - S)s_S$
(I) Dividenden	-	$D^*(1 - s_D)^{1)}$	$D^*(1 - s_D)^{2)}$
(IV) Kaufoption *Kauf in t = 0*	$-C_e$	$(S^* - E)(1 - s_O) + C_e s_O$	$C_e s_O$
(IV) Anleihe *Kauf in t = 0*	$-B$	$B[1 + r_B(1 - s_B)]$	$B[1 + r_B(1 - s_B)]$
Differenz zw. I u. IV	0	0	0

Quelle: eigene Darstellung.

---

1)   Wegen $s_B = s_D = s_O = s_S$ gilt: $D^*(1 - s_D) = (S^* - E - C_e)(1 - s_D) + B \times r_B(1 - s_D) - h(S^* - S)(1 - s_D)$.

2)   Wegen $s_B = s_D = s_O = s_S$ gilt: $D^*(1 - s_D) = -C_e(1 - s_D) + B \times r_B(1 - s_D) - h(S^* - S)(1 - s_D)$.

Mit diesem Ergebnis empfiehlt es sich, auch die Besteuerung von Optionen aus der steuerlichen Einordnung einer ökonomisch äquivalenten Anlagealternative mit den Referenzgütern herzuleiten. Gewinne und Verluste aus Optionen sind danach steuerlich einzuordnen wie Gewinne und Verluste aus Aktien, die Dividendeneinkünfte und die Zinszahlung zur Kreditfinanzierung der Aktienposition.

4. Zwischenergebnis

Betrachtet man bestimmte Termingeschäfte als Innovationen, deren steuerliche Behandlung noch zu klären ist, so legen die bisherigen Ausführungen es nahe, sie zu zerlegen und von der Besteuerung der Bestandteile auf die Besteuerung der Termingeschäfte zu schließen.

Genaugenommen kommt es für die Besteuerung darauf an, in welche anderen Finanzinstrumente man die Termingeschäfte zerlegt. Es bietet sich an, beim Zerlegen in Bestandteile, von denen mindestens eines ein Referenzgut ist, von strenger Zerlegung zu sprechen.

Es ist auch vorstellbar, die steuerlichen Folgen eines Termingeschäftes aus der Besteuerung anderer derivativer Finanzinstrumente abzuleiten. Werden Termingeschäfte in andere Terminmarktinstrumente zerlegt, kann man von einer einfachen Zerlegung sprechen. Gäbe es innerhalb der Besteuerung von Termingeschäften Asymmetrien, könnte die steuerliche Einordnung durch eine einfache Zerle-

- 58 -

gung aus ökonomischer Sicht allerdings zu unbefriedigenden Ergebnissen führen.[1]

Mit unterschiedlichen Abstufungen läßt sich beschreiben, auf welcher einzelnen Stufe oder auf welchen verschiedenen Stufen entscheidungsneutrale Besteuerung erreicht werden kann. Bei einem
Termingeschäft, dessen Kursverlauf von den Preisen und laufenden
Erträgen eines oder mehrerer Referenz- oder Bezugsgüter abhängt,
kann man von

- *intersegmentneutraler Besteuerung im weiteren Sinn (horizontale Betrachtung)*[2]

sprechen, wenn das Termingeschäft nach den gleichen Regeln wie eine ökonomisch äquivalente Anlagealternative mit

1) E. D. Kleinbard (1989), S. 947-951; R. K. C. Kau (1990), S.
1005, 1007; F. V. Battle, Jr. (1991); S. D. Conlon et al. (1991),
S. 51; D. P. Hariton (1991), S. 1076; W. M. McInnes et al.
(1991); R. Willens (1991), S. 1515; E. D. Kleinbard (1992), S. 8,
13-15; M. S. Scholes u. M. A. Wolfson (1992), S. 410; R. Shuldiner (1992a), S. 282-287, 333.

2) Zur Segmentierung von Kapitalmärkten siehe H. Schmidt (1988a),
S. 36-46. Horizontale Segmentierung ist in verschiedenen Facet-
ten denkbar. Für die vorliegende Arbeit wird angenommen, der
gleichzeitige Handel ökonomisch äquivalenter Finanztitel sei auf
mehreren Kassamärkten und auf mehreren Terminmärkten möglich. In diesem Sinn stellt ein Kassamarkt oder ein Terminmarkt
jeweils ein horizontales Segment dar. Werden mehrere Marktsegmente und alle gehandelten Titel betrachtet, so kann andererseits
jeder Titel nur einem einzigen Segment zugeordnet sein, beispielsweise nur dem geregelten Markt oder dem Freiverkehr. Dann
spricht man von vertikaler Segmentierung.

dem Referenzgut besteuert wird. Beispielsweise werden Gewinne oder Verluste aus Aktienindexoptionen steuerlich behandelt wie Gewinne oder Verluste aus teilweise kreditfinanzierten Aktien, Dividendeneinkünfte und die gezahlten Zinsen
zur Finanzierung der Kassaposition. Intersegmentneutrale
Besteuerung im weiteren Sinn (horizontale Betrachtung) ist
die direkte Konsequenz der Zerlegungssichtweise.

Mit weiteren vier Abstufungen kann man niedrigere Grade an Steuerneutralität beschreiben, die dazu dienlich sind, die steuerlichen
Rahmenbedingungen für einen Finanzplatz zu beschreiben. Diese
vier Grade werden im folgenden vorgestellt:

-   *intersegmentneutrale Besteuerung im engeren Sinn (horizon-
    tale Betrachtung)*

Als intersegmentneutral im engeren Sinn (horizontale Betrachtung) kann man die steuerlichen Vorschriften bezeichnen, die gleichartige Termingeschäfte, die in unterschiedlichen horizontalen Segmenten gehandelt werden, steuerlich
gleichstellen. Beispielsweise handelt es sich um die steuerliche Gleichbehandlung ökonomisch äquivalenter Optionen,
die ein Anleger an verschiedenen Handelsplätzen kaufen und
verkaufen kann.

- *intersegmentneutrale Besteuerung im engeren Sinn (vertikale Betrachtung)*

Als intersegmentneutral im engeren Sinn (vertikale Betrachtung) kann man die Vorschriften bezeichnen, die gleiche Termingeschäftsformen steuerlich gleichsetzen, die in verschiedenen vertikalen Segmenten eines Platzes gehandelt werden.[1]

- *intrasegmentneutrale Besteuerung im weiteren Sinn*

Werden innerhalb eines Marktsegmentes eines Handelsplatzes verschiedene Finanzinstrumente steuerlich gleich behandelt, liegt es auf der Hand, von intrasegmentneutraler Besteuerung im weiteren Sinn zu sprechen. Das ist der Fall, wenn verschiedene Termingeschäftsformen nach identischen steuerlichen Vorschriften eingeordnet werden, zum Beispiel Gewinne und Verluste aus Aktienindex-Futures nach den gleichen Vorschriften wie vergleichbare Geschäfte in Aktienindexoptionen.[2]

---

1) Das ist zum Beispiel der Fall, wenn Optionen in unterschiedlichen vertikalen Segmenten einer Börse gehandelt werden, weil unterschiedliche Umsatzmerkmale vorliegen, oder weil die Kundschaft einen marktgerecht differenzierten Service von einer Börse verlangt; H. Schmidt (1988a), S. 41.

2) In diesem Fall würde man den Terminmarkt als ein Segment sehen.

-   *intrasegmentneutrale Besteuerung im engeren Sinn*

Intrasegmentneutrale Besteuerung im engeren Sinn bedeutet,
Gewinne und Verluste einer Termingeschäftsform mit unterschiedlichen Kontraktspezifikationen im gleichen Segment eines Handelsplatzes gleich zu besteuern. Danach werden beispielsweise Aktienoptionen mit effektiver Andienung steuerlich wie Aktienoptionen eingeordnet, die am Ende der Anlageperiode bar ausgeglichen werden.

Nach dieser Einteilung stellt intersegmentneutrale Besteuerung im
weiteren Sinn (horizontale Betrachtung) die höchste Stufe dar. Wird
nach dem strengen Zerlegungsansatz besteuert, werden alle Grade
entscheidungsneutraler Besteuerung erreicht.

B. Marktteilnehmerdifferenzierte Würdigung des Zerlegungsan-
    satzes

I. Entscheidungsneutrale steuerliche Vorschriften

1. Anleger

Es stellt sich die Frage, wie verschiedene Marktteilnehmer entscheidungsneutrale steuerliche Rahmenbedingungen beurteilen, die auf
dem Zerlegungsansatz beruhen. Um eine Antwort darauf zu geben,
kann man von der empirisch weitgehend gesicherten Theorie ausgehen, nach der Regulierungen in der Realität häufig von den Interessen einflußreicher Gruppen abhängen.[1] Genaugenommen wollen einige Marktteilnehmer Gewinne aus der Ausnutzung zumeist
durch rege Lobbyistentätigkeit selbst initiierter rechtlicher Asymmetrien erzielen. Dann entscheidet nicht der Markt, sondern die
Macht einer einflußreichen Gruppe oder einer Koalition zwischen
verschiedenen Gruppen darüber, welches ökonomische Arrange-
ment sich durchsetzt.[2] Zwei Gruppen sind an der Besteuerung
von Termingeschäften vermutlich besonders interessiert: Anleger
und Terminmarktorganisatoren. Zunächst werden Anleger betrachtet.

---

1) G. J. Stigler (1971); R. A. Posner (1974), S. 343-356.

2) Ein positiver Erklärungsansatz kann den Blickwinkel vergrößern,
    den eine normative Theorie eröffnet. Vor allem wird dadurch eine
    Einordnung anderer Besteuerungsvorschläge erleichtert. Zu weite-
    ren Erklärungsansätzen staatlicher Regulierung siehe R. A. Posner
    (1974); J. Müller u. I. Vogelsang (1979).

Werden ökonomisch äquivalente Anlagealternativen steuerlich ungleich behandelt, wählt ein Anleger die Variante, die zu der niedrigeren Steuerzahlung führt. Allerdings muß der Anleger in der Realität auch nichtsteuerliche Restriktionen beachten, die einen Steuervorteil aufzehren können. In Anlehnung an Scholes und Wolfson
kann man die nichtsteuerlichen Restriktionen sogar als implizite
Steuern auffassen.[1] Dagegen bezeichnet man Zahlungen, die ho-
heitlich bedingt sind, also aufgrund von Gesetzen oder anderen
staatlichen Vorschriften zu leisten sind, als explizite Steuern.

Auf einem Markt, den die nichtsteuerlichen Annahmen der Steuermodelle beschreiben, und auf dem ein Anleger zwischen zwei Anlagealternativen wählen kann, die unterschiedlich mit expliziten
Steuern belastet werden, ergibt sich durch die Umsetzung steuerlicher Vorteilhaftigkeitsüberlegungen ein neues Gleichgewicht. Die
zunächst steuerlich vorteilhafte Anlagealternative ist zwar mit
geringeren expliziten Steuern belastet, ihre steuerliche Attraktivität
führt allerdings zu höheren Marktpreisen der steuerlich vorteilhaften
Finanzinstrumente. Die Preisdifferenz kann man auch den impliziten
Steuern zuordnen.[2]

Dieser Zusammenhang sei formal wie folgt dargestellt:

---

1) M. S. Scholes u. M. A. Wolfson (1992), S. 84-102, 111, 122.
   Nettorenditeminderungen, die auf nichtsteuerlichen Restriktionen,
   z.B. Transaktionskosten beim Kauf und Verkauf steuerlich vorteilhafter Finanzinstrumente, beruhen, sind durch eine steuerlich
   motivierte Ausweichhandlung begründet. Daher kann man sie als
   implizite Steuern bezeichnen.

2) In Anlehnung an ebenda, S. 83-103.

Für n = 1 ergibt sich aus Gleichung

(1.1) $(S^* + D^*) - S = S (1 + r_B)^n - S + (S^* - F)$

im Nichtsteuerfall ein Ergebnis der Anlagealternative I in Höhe von

(1.38) $(S^* + D^*) - S$

und ein Ergebnis der Anlagealternative II in Höhe von

(1.39) $S (1 + r_B) - S + (S^* - F)$.

Im folgenden sei angenommen, daß das Ergebnis der Anlagealternative I pauschal mit $s_{expl(I)}$ und das Ergebnis der Anlagealternative II pauschal mit $s_{expl(II)}$ besteuert werden,

mit:

$s_{expl(I)} =$ marginaler Steuersatz für explizite Steuern, mit denen Anlagealternative I belastet wird,

$s_{expl(II)} =$ marginaler Steuersatz für explizite Steuern, mit denen Anlagealternative II belastet wird.

Für $s_{expl(I)} = s_{expl(II)}$ gilt im Gleichgewicht:

(1.40) $[(S^* + D^*) - S](1 - s_{expl(I)})$
$= [S (1 + r_B) - S + (S^* - F)](1 - s_{expl(II)})$.

Für $s_{expl(I)} > s_{expl(II)}$ ergibt sich:

(1.41) $[(S^* + D^*) - S](1 - s_{expl(I)})$

$= [S (1 + r_B) - S + (S^* - F)](1 - s_{expl(II)} - s_{impl(II)})$

mit:

$s_{impl(II)} =$ marginaler Steuersatz für implizite Steuern, mit
denen Anlagealternative II belastet wird.

Es wird ersichtlich, daß

(1.42) $(1 - s_{expl(I)}) = (1 - s_{expl(II)} - s_{impl(II)})$

ist. Man kann $s_{impl(II)}$ wie folgt ermitteln:

(1.43) $s_{impl(II)} = s_{expl(I)} - s_{expl(II)}$.

Die Umsetzung der Vorteilhaftigkeitsüberlegungen lohnt sich nur so
lange, bis beide Anlagealternativen der gleichen Gesamtbelastung
aus expliziten und impliziten Steuern unterliegen.

Man kann Vorteilhaftigkeitsüberlegungen auch bei Anlegern anknüpfen, die mit unterschiedlichen Steuersätzen rechnen. Es bietet
sich an, zwischen marginalen und inframarginalen Anlegern zu unterscheiden. Marginale Anleger setzen die Marktpreise. Die Marktpreise entsprechen den Werten, die marginale Anleger Finanzinstru-

menten beimessen.[1] Die marginalen Anleger sind indifferent zwischen verschiedenen Anlagealternativen und damit zwischen den verschiedenen Möglichkeiten, Steuern zu zahlen: dem Zahlen expliziter Steuern, dem Zahlen impliziter Steuern oder dem Zahlen einer Mischung beider Formen.

Anleger, die different zwischen verschiedenen Anlagealternativen sind, nennt man inframarginale Anleger. Für inframarginale Anleger ergeben sich steuerliche Vorteilhaftigkeitsüberlegungen, wenn die Marktpreise von den Werten abweichen, die sie den verschiedenen Finanzinstrumenten unter Berücksichtigung von Steuern beimessen. Anleger mit niedrigeren marginalen Steuersätzen (explizite Steuern) als die marginalen Anleger wählen die Anlagealternative, die aus Sicht der marginalen Anleger höher mit expliziten als mit impliziten Steuern belastet wird. Anleger mit höheren marginalen Steuersätzen als die marginalen Anleger entscheiden sich für die Anlagealternative, die aus Sicht der marginalen Anleger höher mit impliziten als mit expliziten Steuern belastet wird.

Diese Zusammenhänge seien durch eine Gegenüberstellung expliziter und impliziter Steuern bei steuerbaren und steuerfreien bonitätsrisikofreien Finanztiteln erläutert. Die Titel werden zu pari emittiert, haben eine Laufzeit von einem Jahr und werden zu pari zurückgezahlt. Am Ende der Laufzeit werden auch die Zinsen gezahlt. Steuerbare Finanztitel werden mit 10 v.H. verzinst. Steuerfreie Finanztitel werden mit 7 v.H. verzinst. Die Angaben für das bestehende

---

1)   M. S. Scholes (1976), S. 327 f.; H. Heaton (1986), S. 168-170; M. S. Scholes u. M. A. Wolfson (1992), S. 96 f.

Marktgleichgewicht sind gegeben und aus der Tabelle 1.6 zu entnehmen. Ausgangspunkte sind die Bruttozinsergebnisse im Steuerfall. Es wird angenommen, daß es drei Anlegergruppen gibt, die mit
unterschiedlichen marginalen Steuersätzen für Zinseinkünfte rechnen müssen: 20 v.H., 30 v.H. und 40 v.H.

Tab. 1.6

Explizite und implizite Steuern bei unterschiedlich besteuerten

bonitätsrisikofreien Finanztiteln

Steuertyp des Finanztitels	steuerbar	steuerfrei
Bruttozinsergebnis/Steuerbelastung		
Bruttozinsergebnis im Steuerfall	10 v.H.	7 v.H.
Implizite Steuern (in v.H. der Zinsbemessungsgrundlage)	0 v.H.	3 v.H.
Implizite Steuern (in v.H. der Zinsen für steuerbare Titel)	0 v.H.	30 v.H.
Explizite Steuern (in v.H. der Zinsbemessungsgrundlage)	3 v.H.	0 v.H.
Explizite Steuern (in v.H. der Zinsen für steuerbare Titel)	30 v.H.	0 v.H.
Gesamte Steuern[1] (in v.H. der Zinsbemessungsgrundlage)	3 v.H.	3 v.H.
Gesamte Steuern (in v.H. der Zinsen)	30 v.H.	30 v.H.

Quelle: eigene Darstellung.

---

1)   Explizite und implizite Steuern.

Anleger mit einem marginalen Steuersatz in Höhe von 30 v.H. sind
indifferent zwischen dem Kauf steuerbarer und dem Kauf steuerfreier Finanztitel. In beiden Fällen beträgt ihre Belastung 30 v.H. der
Zinseinkünfte. Die Anleger sind die marginalen Anleger.

Anleger mit marginalen Steuersätzen in Höhe von 20 v.H. und in
Höhe von 40 v.H. gehören zu den inframarginalen Anlegern. Anleger mit einem marginalen Steuersatz in Höhe von 20 v.H. bevorzu-
gen den Kauf steuerbarer Finanztitel. Würden sie sich für den Kauf
steuerfreier Finanztitel entscheiden, müssen sie keine expliziten
Steuern zahlen, aber eine Belastung mit impliziten Steuern in Höhe
von 30 v.H. der Zinseinkünfte in Kauf nehmen. Ihre Gesamtsteuerbelastung beträgt beim Kauf steuerbarer Titel 20 v.H. der Zinseinkünfte, und zwar ausschließlich als explizite Steuern. Die Anleger
sind die Steuerklientel für steuerbare Finanztitel und erzielen eine
Rendite in Höhe von 8 v.H. Beim Kauf steuerfreier Finanztitel hät-
ten sie lediglich eine Rendite in Höhe von 7 v.H. erreicht.

Kaufen Anleger mit einem marginalen Steuersatz in Höhe von 40
v.H. steuerbare Finanztitel, haben sie eine Steuerbelastung in Form
expliziter Steuern in Höhe von 40 v.H. der Zinseinkünfte. Entscheiden sie sich für steuerfreie Titel, müssen sie keine expliziten Steuern zahlen. Statt dessen zahlen sie implizite Steuern in Höhe von
30 v.H. Die Anleger sind die Steuerklientel für steuerfreie Finanztitel, mit denen sie eine Rendite in Höhe von 7 v.H erzielen. Kaufen
sie steuerbare Finanztitel, läßt sich nur eine Rendite in Höhe von 6
v.H. erwirtschaften.

Es ist ersichtlich, daß Anleger nicht an entscheidungsneutralen Vorschriften interessiert sind, sofern sie als inframarginale Anleger Vorteile aus der unterschiedlichen Besteuerung ökonomisch äquivalenter Anlagealternativen erzielen können. Konkrete Aussagen hängen
von dem als Bezugspunkt vorhandenen Steuersystem und von der
jeweiligen Position als marginaler oder inframarginaler Anleger ab.

Wenn Anleger nicht marktmächtig sind, weil sie sich nicht organi-
sieren und ihre Interessen nicht bündeln, können sie nur hoffen,
daß sich ihre Vorstellungen mit denen einflußreicher Gruppen, die
neue Geschäfte suchen, decken oder wenigstens überschneiden.
Deshalb bietet es sich an, im nächsten Abschnitt die Interessen von
Terminmarktorganisatoren zu untersuchen.

2.   Terminmarktorganisatoren

Verhältnismäßig geringe explizite Steuern bei Termingeschäften erhöhen die Bereitschaft der Anleger, Futures und Optionen zu handeln. Das führt dazu, daß Anleger tendenziell mehr implizite Steuern
zahlen, zum Beispiel als Transaktionskosten an einen Marktorganisator.[1] Ein Terminmarktorganisator ist daher nicht an entschei-

---

1)   Es kommt zu einer Wohlstandsverlagerung von den Anlegern zu
     den Marktorganisatoren, wenn der Wettbewerb zwischen den
     Marktorganisatoren nicht funktioniert. Die impliziten Steuern stei-
     gen und zehren Vorteile aus geringeren expliziten Steuern auf; vgl.
     J. C. Van Horne (1985), S. 622, 628 f.; ders. (1986), S. 458,
     467; S. A. Ross (1989), S. 549-553; J. C. Van Horne (1990), S.
     304-327; B. D. Bernheim (1991); M. S. Scholes u. M. A. Wolfson
     (1992), S. 87-131, 415-435.

dungsneutralen Vorschriften interessiert. Das gilt auch für Kredit-institute, die Kundenaufträge ausführen, und andere Marktteilneh-mer, die Termingeschäfte kontrahieren wollen.

Ein Marktorganisator kann Kontraktspezifikationen verändern, so daß steuerrechtliche Tatbestandsmerkmale nicht erfüllt sind und Anleger Steuervorteile erzielen können. Darin liegt insbesondere Geschäftspotential für den Teil des Over-the-Counter-Handels, bei dem Anleger und ihre Kontrahenten individuelle Kontraktspezifi-kationen vereinbaren. Erst vor diesem Hintergrund läßt sich mögli-cherweise ein Vorschlag der Chicago Board Options Exchange er-klären, Termingeschäfte steuerlich wie die Referenzgüter einzuord-nen. Im gleichen Tenor äußern sich die American Stock Exchange und die Philadelphia Stock Exchange. Sie fordern die gleiche Be-steuerung von Optionen mit unterschiedlichen Referenzgütern.[1]

Die Terminbörsen nehmen vermutlich an, daß Anleger vergleichbare Geschäfte in anderen Terminmarktsegmenten mit einer geringeren Gesamtbelastung aus expliziten und impliziten Steuern abschließen können. Deshalb werben sie für entscheidungsneutrale Rahmenbe-dingungen bei den expliziten Steuern. Bedenkt man, daß implizite Steuern, beispielsweise Transaktionskosten, bei börslichen Termin-geschäften häufig geringer als in anderen Terminmarktsegmenten sind, wandern bei gleichen expliziten Steuern mehr Geschäfte zum

---

1)   A. S. Kramer (1983), S. 44; R. A. Rudnick u. L. E. Carlisle (1984), S. 144, 152-154.

börslichen Terminhandel.[1] Vorteile geringerer impliziter Steuern des börslichen Terminhandels werden dann nicht länger blockiert. Ist die Verdrängung erfolgreich, und trocknen konkurrierende Marktsegmente aus, werden die Terminbörsen ihre Strategie ändern und darauf hinwirken, daß Termingeschäfte vorteilhafter als Kassageschäfte besteuert werden.[2]

Der Ruf nach entscheidungsneutralen Vorschriften ist auch verständlich, wenn der Staat Termingeschäfte gegenüber Kassageschäften prinzipiell steuerlich benachteiligt. Bestehen dagegen keine Befürchtungen, Geschäfte an andere Marktsegmente zu verlieren, lassen sich die Forderungen der Terminbörsen nach entscheidungsneutralen Vorschriften nicht nachvollziehen. Es ist vielmehr zu erwarten, daß Terminbörsen und ihre Gesellschafter durch rege Lobbyistentätigkeit darauf drängen, den Terminhandel steuerlich zu begünstigen.[3]

---

1) Zu Transaktionskostenvorteilen des börslichen Terminhandels siehe J. M. Burns (1982); M. H. Miller (1989), S. 52.

2) Terminbörsen könnten auch flexible Kontrakte anbieten, bei denen Anleger nach ihren Wünschen steuerlich vorteilhafte Kontraktspezifikationen auswählen.

3) Beispielsweise im Sinn von G. Puckler (1990), S. 155 f. Puckler fordert Steuergutschriften für Anleger, die an der DTB handeln. Börsenmachtpolitisch könnte ein steuerlich bedingter Wettbewerb zwischen Kassabörsen und Terminbörsen allerdings auch unerwünscht sein, weil man dem Geleitzugprinzip folgend das enge Korsett eines nationalen Sammlungsunternehmens bevorzugt; vgl. H. Schmidt (1992b), S. 793 f.

II.   Steuerliche Sicherheit

Die Umsetzung des Zerlegungsansatzes gewährleistet auch steuerliche Sicherheit. Anleger benötigen verläßliche Kalkulationsgrundlagen bei Termingeschäften. Sie beantworten steuerliche Unsicherheit mit höheren Renditeforderungen. Die höheren Renditeforderungen resultieren aus zusätzlichen Zahlungen, zum Beispiel für die Inanspruchnahme steuerlich versierter Berater, mit denen sich die Anleger zumindest teilweise gegen steuerliche Unsicherheit schützen können. Alerte Anleger berücksichtigen auch eine Art Selbstversicherungsprämie als kalkulatorische Sicherungskosten.[1]

Auch ein Terminmarktorganisator benötigt steuerliche Sicherheit bei neuen Produkten oder Prozessen. Steuerliche Unsicherheit hat wegen der höheren Renditeforderungen der Anleger negative Auswirkungen auf einen Kontrakterfolg. Das führt zu geringeren Gewinnen eines Marktorganisators. Steuerliche Unsicherheit kann sogar dazu beitragen, daß Anleger gar nicht erst auf Terminmärkten handeln und statt dessen Kassageschäfte vorziehen.[2] Können Anleger be-

---

1)   Vgl. zum Schutz gegen Transaktionsrisiken H. Schmidt (1988a), S. 20.

2)   D. Courtney (1992), S. 23; J. Jung u. U. Redanz (1993a), S. 69. Nach einer von London Futures and Options Markets (1989), S. 33, veröffentlichten Studie beabsichtigen die Marktteilnehmer, bei steuerlicher Sicherheit mehr Termingeschäfte abzuschließen.

stimmte Strategien auf Kassamärkten nicht umsetzen, unterbleiben ökonomische Arrangements.[1]

Es ist allerdings wahrzunehmen, daß der Staat steuerliche Unsicher-heit durch Untätigkeit oder Verzögerung produziert.[2] Dieses Ver-halten beruht vermutlich auf der Annahme, daß die Anleger steuerli-che Vorteilhaftigkeitsüberlegungen nicht umsetzen, solange die Kosten der Sicherung gegen steuerliche Unsicherheit die Vorteile aus Steuerschlupflöchern übersteigen. Für die von ihm in den Ver-einigten Staaten beobachteten Verzögerungen bei der steuerlichen Einordnung von Termingeschäften zählt Kleinbard mangelhaftes Wissen über Kapitalmärkte und fehlende Mitarbeiter als weitere Gründe auf.[3] In der Finanzverwaltung bestünden andere Prioritä-ten bei der Lösung offener steuerlicher Fragen. Man gehe davon aus, daß die Besteuerung von Termingeschäften nur ein verhältnis-mäßig unbedeutendes Problem eines hochspezialisierten und regio-nal konzentrierten Dienstleistungszweiges sei.[4]

---

1) London Futures and Options Markets (1989), S. 5, 27; Group of Thirty Global Derivatives Study Group (1993), S. 23 f.; J. Jung u. U. Redanz (1993b); dies. (1993c).

2) Der Eindruck drängt sich auf, wenn man bedenkt, daß Eingaben zur Besteuerung von Termingeschäften an den Bundesminister der Finanzminister jahrelang unbeantwortet bleiben; vgl. Spitzenver-bände der deutschen Kreditwirtschaft (1990); dies. (1991).

3) E. D. Kleinbard (1991), S. 1351-1354.

4) Ebenda, S. 1352. Dessen ungeachtet berichtet M. Evans (1988), S. 1502, eine Task Force beim Internal Revenue Service (IRS) sei eingerichtet worden, um neue Finanzprodukte zu studieren und steuerlich einzuordnen; vgl. IRS (1991).

C.   Zusammenfassung des ersten Teils

Ziel des ersten Teils war es, einen normativen Ansatz zur Besteuerung von Termingeschäften zu formulieren. Eingangs wurde gezeigt, daß sich Entscheidungsneutralität und steuerliche Sicherheit
als Besteuerungsprinzipien eignen. Auf dieser Basis ließen sich verschiedene Steuermodelle ableiten.

Zwei steuerliche Annahmen gehören zu den normativen Rahmenbedingungen der Modelle. Die Annahme zur Zuordnung der Ergebnisse
zu unterschiedlichen Einkunftsarten und innerhalb einer Einkunftsart
lautet: Zinseinkünfte, Dividendeneinkünfte, Gewinne und Verluste
aus Aktien sowie Gewinne und Verluste aus Aktienindex-Futures
und Aktienindexoptionen werden gleich besteuert. Nach der Annahme zur zeitlichen Zuordnung werden alle laufenden Einkünfte
sowie die realisierten und unrealisierten Gewinne und Verluste zum
gleichen Zeitpunkt erfaßt.

In einem arbitragefreien Steuermodell für Aktienindex-Futures ergibt
sich, daß Anleger auch unter Berücksichtigung von Steuern indifferent zwischen dem Kauf von Aktien und dem Erwerb von Aktienindex-Futures sind. Um eine Antwort darauf zu geben, wie Termingeschäfte besteuert werden sollten, drängt es sich vor diesem
Hintergrund geradezu auf, ein Termingeschäft wie ein ökonomisch
äquivalentes Kassageschäft zu besteuern: Kaufen Anleger Aktienindex-Futures und halten die Position, bis sie bar erfüllt wird, ist
das Geschäft steuerlich wie der kreditfinanzierte Kauf der den Index
repräsentierenden Aktien, die anschließende Veräußerung der Ak-

tien, das Vereinnahmen der Dividenden und die Zinszahlung für den aufgenommenen Kredit einzuordnen. Steuerliche Vorschriften, die die Besteuerung eines Termingeschäftes aus der Zerlegung in die Kassamarktalternative ableiten, kann man als Ausfluß des strengen Zerlegungsansatzes bezeichnen.

Ebenfalls wurde erläutert, wie man mit dem Kauf von Aktienindexkaufoptionen und dem Verkauf von Aktienindexverkaufsoptionen das gleiche Ergebnis wie mit dem Kauf von Aktienindex-Futures erzielen kann. Daher sollte man Gewinne und Verluste aus Aktienindexoptionen wie ein ökonomisch äquivalentes Geschäft in Aktienindex-Futures besteuern. Darüber hinaus stimmen die Ergebnisse aus dem Kauf von Aktienindexkaufoptionen mit dem teilweise kreditfinanzierten Kauf der den Index repräsentierenden Aktien, dem Vereinnahmen der Dividenden und der Zinszahlung für den aufgenommenen Kredit überein. Die Besteuerung von Optionen läßt sich also auch aus der Zerlegung in die Referenzgüteralternative ableiten.

Bei entscheidungsneutralen Vorschriften bleibt allerdings kein Raum für steuerliche Vorteilhaftigkeitsüberlegungen. In diesem Zusammenhang wurde deutlich, daß man zwischen marginalen und inframarginalen Anlegern unterscheiden kann. Die marginalen Anleger setzen die Marktpreise. Sie sind indifferent zwischen verschiedenen Anlagealternativen. Für inframarginale Anleger eröffnen sich Vorteilhaftigkeitsüberlegungen, wenn der Wert, den sie einem Finanzinstrument beimessen, aus steuerlichen Gründen vom Marktpreis abweicht. Die inframarginalen Anleger sind daher nicht an entscheidungsneutralen Vorschriften interessiert.

Verhältnismäßig geringe Steuern bei Termingeschäften erhöhen die Bereitschaft der Anleger zum Terminhandel. Daher ist auch ein Terminmarktorganisator an der Umsetzung des ökonomischen Besteuerungsvorschlages nicht interessiert, es sei denn, daß erst durch entscheidungsneutrale Vorschriften Vorteile geringerer impliziter Steuern nicht länger blockiert werden. In der Regel ist zu erwarten, daß eine Terminbörse durch rege Lobbyistentätigkeit darauf drängt, Termingeschäfte steuerlich zu begünstigen.

Der Staat kann mit entscheidungsneutralen Vorschriften Steuerschlupflöcher schließen und Kapitalmarktineffizienzen verringern. Möglicherweise verfolgt er aber auch ein anderes steuerpolitisches Ziel und schafft gezielte Anreize zum Handel in bestimmten Marktsegmenten, weil er sich zum Beispiel gezwungen sieht, dem Druck von Interessengruppen nachzugeben, was erfahrungsgemäß häufiger der Fall ist.

Die Umsetzung des Zerlegungsansatzes gewährleistet auch steuerliche Sicherheit. Anderenfalls reagieren alerte Anleger mit höheren Renditeforderungen oder weichen auf andere Marktsegmente aus. Deshalb sind auch Terminmarktorganisatoren an steuerlicher Sicherheit interessiert. Allerdings ist zu beobachten, daß der Staat gewollt steuerliche Unsicherheit produziert, um die Umsetzung unerwünschter Vorteilhaftigkeitsüberlegungen einzuschränken.

ZWEITER TEIL

Abgrenzungsmerkmale zwischen Gewerbebetrieb und privater Vermögensverwaltung bei Termingeschäften in Aktienindizes

Bei unbeschränkt einkommensteuerpflichtigen privaten Anlegern gehören Gewinne und Verluste aus Termingeschäften zu den betrieblichen Einkunftsarten oder zu den Einkünften im Rahmen privater Vermögensverwaltung. Wenn in dieser Arbeit untersucht werden soll, wie Futures und Optionen de lege lata in Deutschland besteuert werden, und wie die Besteuerung die Termingeschäfte beeinflußt, dann stellt sich die Frage, wo genau die Grenze zwischen den relevanten Einkunftsarten verläuft, und ob diese Grenze überhaupt sinnvoll ist. Zunächst prüft die Untersuchung, ob als Trennungsmerkmale die fünf Kriterien dienen können, die das Steuerrecht für Aktiengeschäfte entwickelt hat. Anschließend wird erörtert, welche Abgrenzungskriterien sich aus ökonomischer Sicht bei Termingeschäften eignen.

A. Steuerrechtliche Abgrenzungsmerkmale

I. Überblick

Die einkommensteuerlichen Konsequenzen für private Anleger hängen hauptsächlich davon ab, ob sie Termingeschäfte im Rahmen eines Gewerbebetriebes oder einer privaten Vermögensverwaltung abschließen.[1] Unter privaten Anlegern werden hier im Sinn des Einkommensteuergesetzes unbeschränkt steuerpflichtige natürliche Personen verstanden, die im Inland einen Wohnsitz oder ihren gewöhnlichen Aufenthalt haben.[2]

Als Einkünfte aus Gewerbebetrieb sind alle Gewinne und Verluste einkommensteuerlich relevant (§§ 15-17 EStG), und zwar entweder durch Betriebsvermögensvergleich (Erstellung von Bilanzen) im Rahmen der Gewinn- und Verlustermittlung des § 4 Abs. 1 i.V.m. § 5 Abs. 1 EStG oder durch Ermittlung des Überschusses der Betriebseinnahmen über die Betriebsausgaben (§ 4 Abs. 3 EStG) für Nichtbuchführungspflichtige.

Handelt es sich steuerlich um eine private Vermögensverwaltung, sind Einkünfte im Rahmen der Ermittlung des Überschusses der Einnahmen über die Werbungskosten anderer Einkunftsarten zuzuord-

---

1) Der zweite Teil lehnt sich eng an J. Jung u. U. Redanz (1993a), S. 79-87, an.

2) § 1 Abs. 1 Satz 1 EStG; W. Heinicke (1994), Anm. 1-9 zu § 1 EStG.

nen, und zwar im Regelfall den Einkünften aus Kapitalvermögen (§ 20 EStG) oder den sonstigen Einkünften (§§ 22, 23 EStG).[1]

Gemäß § 15 Abs. 2 EStG liegen Einkünfte aus Gewerbebetrieb vor, wenn die folgenden vier Voraussetzungen erfüllt sind: Selbständigkeit, Nachhaltigkeit, Gewinnerzielungsabsicht und Teilnahme am allgemeinen wirtschaftlichen Verkehr. Von der Subsidiarität der gewerblichen Einkünfte zu den Einkünften aus Land- und Forstwirtschaft oder selbständiger Arbeit sei im folgenden abgesehen.

Von der höchstrichterlichen Finanzrechtsprechung wurde als weiteres, in § 15 Abs. 2 EStG nicht erwähntes Tatbestandsmerkmal entwickelt, daß der Bereich der privaten Vermögensverwaltung überschritten sein muß, um die Gewerblichkeit zu erfüllen.[2] Die Steuergesetze enthalten zur privaten Vermögensverwaltung lediglich einen Hinweis in § 14 AO, nach dem ein wirtschaftlicher Geschäftsbetrieb vorliegt, wenn die oben angegebenen vier gesetzlichen Voraussetzungen erfüllt sind und zusätzlich der Rahmen der

---

1) Weiterführende Arbeiten können sich der Beantwortung der Frage widmen, ob der Handel von Optionen und Futures im Gewerbebetrieb vorteilhafter als im Rahmen privater Vermögensverwaltung ist; vgl. J. Jung u. U. Redanz (1993a), S. 70-73, 78 f. Zur Einordnung von Termingeschäften in Handels- und Steuerbilanz siehe auch M. Jutz (1989); A. Oestreicher (1992); R. Beckmann (1993); N. Breker (1993); A. Grünewald (1993).

2) Siehe z.B. BFH-Urteil v. 9. Oktober 1992, n.v., S. 6 f.

privaten Vermögensverwaltung überschritten wird.[1] Die vier im Einkommensteuergesetz enthaltenen und das in der Abgabenordnung angedeutete fünfte Merkmal müssen kumulativ erfüllt sein.

Für Transaktionen mit Finanzinstrumenten lassen sich insbesondere aus vier vergleichsweise jüngeren BFH-Urteilen und einem Urteil des Hessischen Finanzgerichts die folgenden Tendenzen bezüglich der fünf Merkmale der Gewerblichkeit erkennen.[2]

II. Selbständigkeit

Kennzeichen für die Selbständigkeit sind die Durchführung von Geschäften auf eigene Rechnung (Unternehmerrisiko) und eigene Verantwortung (Unternehmerinitiative).[3] Für den eigenen Terminhandel und den Handel durch einen Vermögensverwaltungsbeauftragten muß wegen der Art der Geschäftsdurchführung[4] ein Han-

---

1) F. Klein u. G. Orlopp (1989), Anm. 3 d) zu § 14 AO. Genaugenommen ist nach § 14 Satz 2 AO eine Gewinnerzielungsabsicht nicht erforderlich. Es genügt, wenn Einnahmen oder andere wirtschaftliche Vorteile erzielt werden.

2) BFH-Urteile v. 31. Juli 1990; v. 6. März 1991; v. 3. Juli 1991; v. 9. Oktober 1992; Hessisches FG, Urteil v. 6. Februar 1992, n. rkr.

3) Abschn. 134 Abs. 1 S. 1 EStR.

4) Zu Termingeschäften, die Anleger über Kreditinstitute an der DTB abschließen, siehe S. Kümpel (1991), Anm. I-V zu Nr. 1 (1) der
(Fortsetzung...)

del auf eigene Rechnung und Verantwortung ohne Abhängigkeits-
verhältnis oder Weisungsgebundenheit unterstellt werden. Wie sich
aus der Finanzrechtsprechung ergibt, kommt dem Abgrenzungsmerkmal der Selbständigkeit nur eine untergeordnete Bedeutung
zu.[1]

III. Nachhaltigkeit

Wenn eine Betätigung von der subjektiven Absicht getragen wird,
sie zu wiederholen, um daraus ständig oder befristet eine Erwerbs-
quelle zu schaffen, ist eine Nachhaltigkeit gegeben.[2] Das Merkmal der Nachhaltigkeit ist bei einer Mehrzahl von Handlungen im

---

4)(...Fortsetzung)
Sonderbedingungen für Börsentermingeschäfte (1990). Soweit
zwischen Anlegern und Kreditinstituten nichts anderes vereinbart
ist, führt das beauftragte Kreditinstitut alle Aufträge zum Handel
von Optionen und Futures an der DTB als Kommissionär durch
Selbsteintritt (§ 405 HGB) aus, ohne daß es einer ausdrücklichen
Anzeige bedarf, und schließt an der DTB entsprechende Deckungs-
geschäfte ab. Zu Termingeschäften an ausländischen Terminbörsen und sonstigen Börsentermingeschäften siehe Nr. 1 (2) und Nr.
1 (3) der Sonderbedingungen für Börsentermingeschäfte (1990);
zu Optionsgeschäften auf dem deutschen Parkett siehe die Sonderbedingungen für Optionsgeschäfte (1986).

1) BFH-Urteil v. 3. Juli 1991, S. 802; K. Weber (1991), S. 355 f.

2) L. Schmidt (1994), Anm. 6 zu § 15 EStG.

Gegensatz zu einer einmaligen Handlung zu bejahen.[1] Damit soll ein gewerblicher Handel von einmaligen Geschäften abgegrenzt werden.

In der Steuerpraxis ist die subjektive Wiederholungsabsicht erst erfüllt, wenn objektiv tatsächlich eine Wiederholung stattgefunden hat.[2] Der BFH hat bei Wertpapiergeschäften die Nachhaltigkeit bereits bejaht, wenn eine von vornherein nur zeitlich eng begrenzte (fünf Wochen) und einheitliche (elf vergleichbare Geschäfte) Wiederholungsabsicht bestand.[3] Bei typischen Aktivitäten mit Termingeschäften kann man davon ausgehen, daß das Abgrenzungsmerkmal der Nachhaltigkeit subjektiv und objektiv erfüllt ist.[4]

---

1) BFH-Urteil v. 9. Oktober 1992, S. 7, mit Verweisen auf ältere BFH-Rechtsprechung. In der Vorinstanz spielte es für das Finanzgericht eine Rolle, daß die Anlegerin ein Wertpapierkonto eröffnet hatte. Das sei ein Indiz dafür, in Folgejahren Wertpapiergeschäfte der Art durchführen zu wollen, wie sie es bei dem ersten Geschäft im Streitjahr getan hatte. Für die Revisionsentscheidung des BFH war die Frage offenbar bedeutungslos.

2) Für den Grundstückshandel hat es der BFH bereits als ausreichend angesehen, wenn neben einem tatsächlich durchgeführten noch weitere Veräußerungsgeschäfte geplant waren; BFH-Urteil v. 12. Juli 1991, S. 143.

3) BFH-Urteil v. 31. Juli 1990, S. 66.

4) K. Weber (1991), S. 354, 356.

IV. Gewinnerzielungsabsicht

Eine Gewinnerzielungsabsicht dürfte bei Wertpapieren[1] oder Termingeschäften im allgemeinen vorhanden sein. In den aufgeführten
jüngeren BFH-Urteilen und in der entsprechenden Literatur[2] ist
das Abgrenzungsmerkmal bisher unstreitig gewesen.

Es könnten Zweifel am Vorliegen der Gewinnerzielungsabsicht aufkommen, wenn man zur Kurssicherung Termingeschäfte abschließt,
bei denen geplant wird und feststeht, nur die mit der Grundposition
erzielten Kursgewinne zu sichern und zusätzliche Kursgewinne aus
der Gesamtposition auszuschließen. Gegen diese Sicht kann man
einwenden, die Termingeschäfte unterstützten auf Gewinnerzielung
ausgerichtete Transaktionen.

Eine Gewinnerzielungsabsicht, die sich meist durch tatsächlich entstandene Gewinne faktisch nachweisen läßt, liegt zumindest nicht
vor, wenn über die Gesamtperiode Verluste entstanden sind. Dann
entsteht wegen der zu unterstellenden steuerlichen Liebhaberei die
hier besprochene Abgrenzungsfrage zum Gewerbebetrieb erst gar
nicht.

---

1)   Wertpapiere und Finanzinstrumente, die auf Kassamärkten gehan-
    delt werden, sind im weiteren Synonyme.

2)   Siehe die Hinweise bei L. Schmidt (1994), Anm. 8 zu § 15 EStG.

V.   Teilnahme am allgemeinen wirtschaftlichen Verkehr

In Anlehnung an Weber kann man das Tatbestandsmerkmal in die
Teilnahme am *wirtschaftlichen* Verkehr und die Teilnahme am *allgemeinen* Verkehr untergliedern.[1] Wenn beide Kriterien erfüllt
sind, ist die Teilnahme am allgemeinen wirtschaftlichen Verkehr gegeben.

Die Teilnahme am *wirtschaftlichen* Verkehr erfordert eine Teilnahme
am Leistungs- und Güteraustausch in der Form, daß Waren oder
Dienstleistungen am Markt gegen Entgelt angeboten werden.[2]
Der An- und Verkauf von Wertpapieren erfüllt nach der ständigen
BFH-Rechtsprechung diese Bedingung, während für Differenzgeschäfte in der Form von Devisentermingeschäften ein Leistungsaustausch von Waren oder Dienstleistungen ausgeschlossen wird.[3]

Kommt man bei Termingeschäften zu dem Schluß, daß Wirtschaftsgüter angeschafft oder veräußert werden, ist die Teilnahme am
wirtschaftlichen Verkehr erfüllt. Bei Aktienindexoptionen, die immaterielle Wirtschaftsgüter sind, wird der Vertrag über den Kauf von

---

1)   K. Weber (1991), S. 356.

2)   BFH-Urteil v. 9. Juli 1986, S. 851.

3)   BFH-Urteil v. 13. Oktober 1988, S. 39. A.A. N. Meier (1985), S.
      611. Es geht darum, ob durch Termingeschäfte ein Gewerbebe-
      trieb begründet wird. Ist schon wegen anderer Geschäfte die Ge-
      werblichkeit gegeben, werden die Geschäfte ohnehin den Einkünf-
      ten aus Gewerbebetrieb zugeordnet.

Optionen durch Einräumung der Optionsrechte und durch Zahlung der Optionsprämien erfüllt. Es liegt also eine Anschaffung von Wirtschaftsgütern vor.[1] Auf eine Differenzerzielungsabsicht der Anleger kommt es nicht an.[2] Bei Optionen ist die Teilnahme am wirtschaftlichen Verkehr also erfüllt.

Bei Aktienindex-Futures handelt es sich um schwebende Geschäfte, sofern sie noch nicht erfüllt oder glattgestellt worden sind.[3] Anleger schließen keine auf die Lieferung von Wirtschaftsgütern gerichteten Verträge ab. Ein Leistungsaustausch von Waren oder Dienstleistungen findet nicht statt. Die Teilnahme am wirtschaftlichen Verkehr ist bei Aktienindex-Futures nicht erfüllt.

Der BFH unterstreicht,[4] daß es für den fehlenden Leistungsaustausch bei Devisentermingeschäften darauf ankomme, daß beim Kauf und beim Verkauf von Devisen derselbe Vertragspartner eingeschaltet wird. Anleger, die an der DTB Aktienindex-Futures han-

---

1)   Unumstritten dürfte sein, daß Optionen Wirtschaftsgüter sind; FG Hamburg, Urteil v. 11. Mai 1984, S. 21, n. rkr.; FG Baden-Württemberg, Urteil v. 11. Februar 1993, S. 583, rkr.; J. Jung u. U. Redanz (1993a), S. 71 f.; H. Weber-Grellet (1994), Anm. 31 zu § 5 EStG, "Finanzprodukte".

2)   FG Baden-Württemberg, Urteil v. 11. Februar 1993, rkr., S. 585.

3)   M. Jutz (1989), S. 154; J. Jung u. H. Schmekel (1991), S. 7; A. Grünewald (1993), S. 60-62; J. Jung u. U. Redanz (1993a), S. 72; J. Jung (1994), S. 80 f.

4)   BFH-Urteil v. 9. Oktober 1992, S. 12 f.

deln, müßten sich auch aus dieser Perspektive weiter am BFH-Urteil vom 13. Oktober 1988 orientieren können. Das Handelsverfahren der DTB ermöglicht es, die Closing-Transaktion stets mit dem rechtlichen Vertragspartner vorzunehmen, mit dem die Opening-Transaktion abgeschlossen wurde.[1] Der Handel von Aktienindex-Futures kann also keinen Gewerbebetrieb begründen.[2]

Die Teilnahme am *allgemeinen* Verkehr erfordert, die Tätigkeit nach außen hin in Erscheinung treten zu lassen, und sich mit ihr an die Allgemeinheit zu wenden. Der Kreis der Angesprochenen kann begrenzt sein.[3] Wesentlich erscheint das Merkmal, Geschäfte Dritten äußerlich erkennbar anzubieten,[4] auch wenn sie tatsächlich nur für einen einzigen Vertragspartner erbracht werden.[5] Für die Erkennbarkeit Dritter genügt bereits die Erkennbarkeit für die betei-

---

1)   Spitzenverbände der deutschen Kreditwirtschaft (1990), S. 2-5.

2)   Hervorzuheben ist, daß man mit dem Steuermodell des Zerlegungsansatzes nicht zu dieser Einschätzung gelangt. Danach handelt es sich beim Kauf von Aktienindex-Futures um eine ökonomisch äquivalente Anlagealternative zu einem kreditfinanzierten Aktienkauf. Beim Kauf von Aktien schaffen Anleger Wirtschaftsgüter an. Ein Leistungsaustausch findet statt.

3)   Abschnitt 134 c Abs. 2 EStR.

4)   L. Schmidt (1994), Anm. 7 zu § 15 EStG.

5)   BFH-Urteil v. 2. September 1988, S. 24.

ligten Kreise.[1] Nach den BFH-Urteilen vom 31. Juli 1990 und
vom 9. Oktober 1992 ist dazu eine persönliche Teilnahme nicht
erforderlich.[2] Es genügt eine von anderen (hier: ein Kreditinstitut)
für Rechnung des Steuerpflichtigen ausgeübte Tätigkeit.[3]

Eine Verschleierung der Teilnahme am allgemeinen Verkehr durch
kriminelle Handlungen verhindert nicht die Erfüllung des Merkma-
les.[4] Die jüngeren BFH-Urteile verdeutlichen auch, daß die früher
erforderliche Bedingung der Sichtbarkeit für die Öffentlichkeit, zum
Beispiel das Unterhalten eines Ladenlokals oder regelmäßige Bör-
senbesuche, nicht mehr wesentlich zu sein scheint.[5]

Die Finanzverwaltung scheint sich diese Ansicht nicht zu eigen gemacht zu haben, da sie in Abschnitt 137 Abs. 9 Satz 6 EStR für

---

1) BFH-Urteil v. 6. März 1991, S. 631.

2) BFH-Urteile v. 31. Juli 1990, S. 66; v. 9. Oktober 1992, S. 10.

3) Hessisches FG, Urteil v. 6. Februar 1992, n. rkr., S. 456; BFH-
   Urteil v. 9. Oktober 1992, S. 9. Nach dem letztgenannten Urteil
   genügt es sogar, wenn die Verkaufsabsicht nur einer einzigen Person bekannt wird, und der Anleger damit rechnet, daß sich seine
   Absicht zur Marktteilnahme herumsprechen wird. Entscheidend ist,
   daß ein Marktteilnehmer sich insofern an den allgemeinen Markt
   wendet, als er bereit ist, mit jedem potentiellen Kontrahenten abzuschließen, der die Konditionen erfüllen will.

4) BFH-Urteil v. 3. Juli 1991, S. 802; L. Schmidt (1994), Anm. 9 zu
   § 15 EStG.

5) BFH-Urteil v. 2. April 1971, S. 620.

Wertpapiergeschäfte immer noch das Unterhalten eines Ladenlokals, einen regelmäßigen Börsenbesuch oder ein sonstiges Auftreten gegenüber Dritten als An- und Verkäufer von Wertpapieren
fordert. Bei einem Auftreten des Steuerpflichtigen gegenüber einem
Bank-Kundenberater liegt jedenfalls nach dieser Vorschrift der Finanzverwaltung noch keine Teilnahme am allgemeinen wirtschaftlichen Verkehr vor.

Man kann zusammenfassen, daß in der Finanzrechtsprechung keine
hohen Anforderungen mehr an das erörterte Abgrenzungsmerkmal
gestellt. Bei extensiver Auslegung dieser Feststellung könnte es
daher möglicherweise auch falsch sein, die Teilnahme am allgemeinen wirtschaftlichen Verkehr grundsätzlich auszuschließen, wenn
die Geschäfte der Anleger im Rahmen eines Vermögensverwal-
tungsauftrages[1] an ein Kreditinstitut vorgenommen werden. Es
ist allerdings zu beachten, daß die jüngeren Urteile auf Fällen beruhen, bei denen sich aus den besonderen Umständen bereits eine
Außergewöhnlichkeit oder Unüblichkeit der Geschäfte ergibt.[2]
Unter Berufung auf die Einkommensteuer-Richtlinien kann man es
daher weiterhin vertreten, daß bei Vermögensverwaltungsaufträgen
an Banken keine Teilnahme am allgemeinen wirtschaftlichen Verkehr vorliegt.

---

1)   Bei einem Vermögensverwaltungsauftrag vereinbart ein Anleger
      mit seinem Kreditinstitut, nach abgesprochenen Anlagerichtlinien
      das Vermögen ohne vorheriges Einholen weiterer Weisungen zu
      verwalten, so daß in den meisten Fällen lediglich Absprachen über
      grobe Strukturen der Portefeuilles bestehen.

2)   J. Jung (1991a), S. 3258; K. Weber (1991), S. 357.

VI. Überschreiten der privaten Vermögensverwaltung

Zusätzlich zu den vier gesetzlichen Voraussetzungen muß der Rahmen privater Vermögensverwaltung überschritten sein. Private Vermögensverwaltung liegt vor, wenn die Fruchtziehung aus beste-
hender Vermögenssubstanz im Vordergrund steht.[1] Sie liegt auch
dann noch vor, wenn Vermögensumschichtungen lediglich durchgeführt werden, um das vorhandene Vermögen besser zu nutzen und
höhere Erträge zu erzielen. Steht die Verwertung der Vermögenssubstanz durch Vermögensumschichtungen und die beabsichtigte
baldige Wiederveräußerung im Vordergrund, ist allerdings die Grenze zur Gewerblichkeit überschritten.[2]

Der BFH begründet ein Überschreiten der privaten Vermögensverwaltung mit einer hohen Fremdfinanzierung,[3] einem Erwerb in
der Absicht einer baldigen Wiederveräußerung[4] oder mit planmä-
ßigen und auf Dauer ausgerichteten Geschäften, die dem Güter-
umschlag dienen und die unter Ausnutzung bankentypischen Ver-

---

1)   BFH-Urteil v. 4. März 1980, S. 391; G. Stuhrmann (1991 ff.),
     Anm. 117 zu § 15 EStG.

2)   L. Schmidt (1994), Anm. 10 zu § 15 EStG.

3)   BFH-Urteile v. 31. Juli 1990, S. 66; v. 9. Oktober 1992, S. 12.

4)   BFH-Urteil v. 31. Juli 1990, S. 68.

haltens vorgenommen werden.[1] In diesem Sinn wird Gewerblichkeit zum Beispiel bei einem Kursmaklerstellvertreter angenommen,
der kreditfinanzierte Wertpapiere kaufte und bei dem sich die erzielten Gewinne nach Ansicht des Finanzgerichts nur mit seinen be-
ruflich bedingten Marktkenntnissen erklären lassen.[2]

Die finanzrichterlichen Entscheidungen verdeutlichen, daß das Abgrenzungsmerkmal Überschreiten der privaten Vermögensverwaltung einer kasuistischen Betrachtung unterliegt. Generell wird auf
das Bild abgestellt, das nach der Verkehrsauffassung einen Gewerbebetrieb ausmacht, ihm nahekommt oder ähnlich ist und einer privaten Vermögensverwaltung fremd ist.[3]

Unbestimmte Rechtsbegriffe erschweren die Abgrenzung der privaten Vermögensverwaltung von der Gewerblichkeit. Sichtbarer wird
die Abgrenzung durch die Einzelfallbetrachtung im bereits etwas
weiter entwickelten Bereich der Finanzrechtsprechung zum gewerblichen Grundstückshandel.[4] Die zu berücksichtigenden Einzelum-
stände, aus denen die Finanzrechtsprechung vermutlich vergleich-
ende Rückschlüsse auf den Handel mit Finanzinstrumenten ziehen wird, können zusammengefaßt werden mit: Zahl der verkauften

---

1) BFH-Urteile v. 6. März 1991, S. 631; v. 9. Oktober 1992, S. 12.

2) Hessisches FG, Urteil v. 6. Februar 1992, n. rkr., S. 456.

3) L. Schmidt (1994), Anm. 17 zu § 15 EStG.

4) Ebenda, Anm. 10-16 zu § 15 EStG.

Objekte ("Drei-Objekt-Grenze"),[1] zeitlicher Zusammenhang zwischen Grundstückserwerb oder Bebauung des Grundstücks und Grundstücksveräußerung, Umfang der Verwertungsmaßnahmen für das Grundstück und sonstige Geschäfte des Steuerpflichtigen.

Bei Finanzgeschäften ist aus steuerrechtlicher Sicht eine Spezifizierung durch eine fortentwickelte Rechtsprechung erforderlich. Im folgenden wird daher untersucht, zu welchen Tendenzen Finanzgerichte oder Finanzverwaltungen bei der Abgrenzung im Fall von Termingeschäften neigen könnten, wenn sie sich an bisher entwickelten Rechtsgrundsätzen für Kassageschäfte in Finanzinstrumenten und für den Grundstückshandel orientieren. Insgesamt lassen sich drei verschiedene Thesen vertreten. Die Thesen werden im folgenden vorgestellt und kritisch gewürdigt.

These 1

Termingeschäfte erfordern in stärkerem Ausmaß solche Kenntnisse und Erfahrungen, die den Umfang der privaten Vermögensverwaltung grundsätzlich übersteigen.

Im Mittelpunkt der ersten These steht der steuerpflichtige Anleger selbst. Das Steuersubjekt gibt Signale, ob ein Gewerbebetrieb oder eine private Vermögensverwaltung vorliegt.

---

1)   L. Schmidt (1994), Anm. 12 zu § 15 EStG.

Kenntnisse über Termingeschäfte werden neben der wissenschaftlichen Literatur von Wirtschaftspresse und gängigen Fachzeitschriften vermittelt. Jeder interessierte Anleger hat Zugang zu den Informationen. Solange der Steuerpflichtige keine besonderen beruflichen Erfahrungen und Kenntnisse verwendet, die zu einem Verhalten führen, das einer privaten Vermögensverwaltung fremd sein könnte, führen Anlageentscheidungen, gleich welche Finanzinstrumente sie betreffen, gemäß der geltenden Finanzrechtsprechung nicht zur Gewerblichkeit.[1]

Ein gewerblicher Handel sollte nach Meinung der Finanzverwaltung zumindest so lange ausgeschlossen sein, wie er sich in einer Form abspielt, die bei privaten Anlegern die Regel bildet, beispielsweise, wenn die Geschäfte durch Auftragserteilung an eine Bank erledigt werden.[2] Eine gegenteilige Auffassung läßt Weiterentwicklungen auf den Finanzmärkten keinen Raum. Aus diesen Gründen wird die erste These abgelehnt.

---

1) Den Umkehrschluß kann man aus dem BFH-Urteil v. 6. März 1991, S. 631, ziehen.

2) Abschnitt 137 Abs. 9 Satz 2 EStR.

These 2

Termingeschäfte sind bei ihrer steuerlichen Würdigung streng von den Transaktionen mit den Referenzgütern zu trennen.

Die zweite These setzt beim Handelsobjekt an. Sie stützt sich auf die Vermutung, Termingeschäfte seien steuerlich grundsätzlich anders als Kassageschäfte zu beurteilen. Es wäre nach der zweiten These nicht opportun, sich an den Abgrenzungsmerkmalen für Kassageschäfte zu orientieren.

Folgt man der zweiten These, bleiben die ökonomischen Zusammenhänge zwischen Kassageschäften und Termingeschäften unberücksichtigt, die mit den Steuermodellen im ersten Teil der Arbeit verdeutlicht wurden. Wegen der Arbitragebeziehungen ist für die Beurteilung, ob noch eine private Vermögensverwaltung vorliegt, keine differenzierte Betrachtung derivativer Finanzinstrumente und ihrer Referenzgüter möglich.

Die zweite These eignet sich deshalb ebenfalls nicht, zur steuerlichen Einordnung von Termingeschäften beizutragen. Als Ergebnis der Überlegungen zur ersten und zur zweiten These bietet sich eine weitere These an.

These 3

Termingeschäfte zählen inzwischen zum üblichen Grundinstrumentarium in der Vermögensanlage. Ihr Einsatz führt wegen der fließenden und sich wandelnden Verkehrsauffassung zu keiner Änderung in der Beurteilung der privaten Vermögensverwaltung.

Die Gerichte beurteilen, ob ein Sachverhalt seinem Gesamtbild entsprechend der Verkehrsauffassung bereits einen Gewerbebetrieb ausmacht und einer privaten Vermögensverwaltung fremd ist. Die Verkehrsauffassung über den Einsatz derivativer Finanzinstrumente durch private Anleger hat sich in den letzten Jahren wegen der Entwicklungen auf den Finanzmärkten gewandelt. Termingeschäfte gehören mittlerweile zum Instrumentarium einer privaten Vermögensverwaltung.

Insofern sollten Termingeschäfte allein nichts an der Antwort auf die Frage ändern, ob die Grenze zum Gewerbebetrieb hin überschritten wird. Wenn sich das Anlegerverhalten darüber hinaus wesentlich änderte, oder wenn ein derartiges anderes Verhalten Termingeschäfte erst ermöglichte, wäre zu vermuten, daß der Staat eine andere steuerliche Beurteilung vornehmen würde. Folgt man der Rechtsprechung, wäre anzunehmen, daß beispielsweise die Einrichtung von Geschäftsräumen, eine eigene professionelle Infrastruktur (vergleichbar derjenigen gewerblicher Vermögensverwalter oder Anlageberater) oder die verstärkte Kreditaufnahme Indizien für ein geändertes Verhalten und für den Übergang zum gewerblichen Handel sein könnten. Man kann also der dritten These zustimmen.

B.   Abgrenzungsmerkmale aus ökonomischer Sicht

I.   Quantitative Abgrenzungsmerkmale

1.   Vermögensgröße

Aus ökonomischer Sicht beurteilt man Vorschläge zur Lösung steuerlicher Probleme danach, welche Auswirkungen ihre Umsetzung auf die Effizienz haben. Werden unterschiedliche Vorschläge ins Gespräch gebracht, ist aus ökonomischer Sicht derjenige vorzuziehen, der das höchste Ausmaß an Effizienzsteigerung zur Folge hat.[1] Speziell heißt das: Nur die Abgrenzungsmerkmale zwischen Gewerbebetrieb und privater Vermögensverwaltung sind akzeptabel, die sich günstig auf die Effizienz auswirken.

Zunächst wird untersucht, ob es in diesem Sinn ökonomisch sinnvolle quantitative Kriterien gibt, mit denen sich abgrenzen läßt, wann bei Termingeschäften der Rahmen einer privaten Vermögensverwaltung überschritten ist. Als quantitative Abgrenzungsmerkmale werden die Vermögensgröße, die Handelshäufigkeit und die Positionshaltedauer ausgewählt. Danach wird erörtert, welche qualitativen Merkmale zweckmäßig sein könnten.

Orientiert man sich an der Vermögensgröße, indem man bei kleineren Vermögensbeständen eine private Vermögensverwaltung und bei größeren Vermögensbeständen einen gewerblichen Terminhan-

---

1)   Siehe Abschnitt A. I. des ersten Teils.

del annimmt, entstehen Probleme, wie man das kritische Vermögen bestimmt. Es bietet sich beispielsweise an, das gesamte Portefeuille zu untersuchen. Man könnte auch vorschlagen, ein Teilportefeuille zu betrachten und Termingeschäfte von Kassageschäften zu isolieren. Eine weitere Variante des Ansatzes könnte darin bestehen, eine Grenze festzulegen, die sich nur an der Anzahl der offenen Termingeschäftspositionen orientiert. Wird die jeweilige Grenze nach oben überschritten, nimmt man einen Gewerbebetrieb an. Wird sie nicht erreicht, geht man von einer privaten Vermögensverwaltung aus.

Um derartige Größenmerkmale zu umgehen, könnte ein Anleger sein Gesamtvermögen auf separate Portefeuilles verteilen, ganz abgesehen davon, daß quantitative Grenzziehungen einer gewissen Willkür unterliegen, wo genau die Grenze zu ziehen ist. Aus ertragsteuerlicher Sicht überzeugt der Vorschlag auch nicht, denn er bezieht sich auf eine Bestandsgröße und würdigt nicht die Zahlungsströme, die sich aus Termingeschäften ergeben.

Aus diesen Gründen muß man das Abgrenzungsmerkmal Vermögensgröße ablehnen. Ein beträchtliches Kapitalvermögen für sich betrachtet führt auch aus Sicht des Hessischen Finanzgerichts noch nicht dazu, daß die Grenzen einer privaten Vermögensverwaltung überschritten werden.[1]

---

1) Hessisches FG, Urteil v. 6. Februar 1992, n. rkr., S. 456.

2. Handelshäufigkeit

Man kann prüfen, ob bei Anlegern, die häufig Positionen auf Terminmärkten öffnen und schließen, ein Gewerbebetrieb vorliegt. Es
könnte eine Grenze festgelegt werden, bei deren Überschreitung
nach oben ein Gewerbebetrieb angenommen wird. Bei näherem
Hinsehen lädt jedoch auch dieses Kriterium zur Umgehung geradezu
ein, und es entstehen Schwierigkeiten, geeignete Transaktions-
größen und -zahlen festzulegen.[1]

Aus ökonomischer Sicht leuchtet es nicht ein, einen Anleger unterschiedlich zu besteuern, wenn er zum Beispiel 90 Transaktionen im
ersten Jahr und 110 Transaktionen in dem darauffolgenden Jahr
durchführt und die Grenze bei 100 Transaktionen liegt. Nach diesem Abgrenzungsmerkmal nähme man im ersten Jahr eine private
Vermögensverwaltung an. Im zweiten Jahr ginge man von einem
Gewerbebetrieb aus. Das überzeugt aus ökonomischer Sicht um so
weniger, je unterschiedlicher die steuerlichen Folgen für den Anleger sind.

Ein weiteres Argument spricht gegen das Abgrenzungsmerkmal
Handelshäufigkeit. Man kann vermuten, daß spezielle Sicherungs-
strategien eine laufende Anpassung des Portefeuilles an sich än-

---

1) P. Agner (1991), S. 147, berichtet für die Schweiz von einer
Grenze von 100 Transaktionen im Jahr.

dernde Märkte erfordern.[1] Folglich schichtet ein Anleger sein
Portefeuille häufiger um. Es wäre absurd, wenn vergleichsweise
nachteilige steuerliche Rahmenbedingungen für Einkünfte aus Gewerbebetrieb dazu beitrügen, daß ökonomisch sinnvolle Änderungen eines Portefeuilles unterbleiben.

Geringere Transaktionskosten sind ein Grund dafür, daß Anleger
organisierte Terminmärkte den Kassamärkten vorziehen.[2] Je geringer die Transaktionskosten sind, um so häufiger sind die Anleger
vermutlich bereit zu kaufen und zu verkaufen. Steuerliche Vorschriften, die in der höheren Handelshäufigkeit auf Terminmärkten
ein Indiz für einen Gewerbebetrieb sehen, könnten Transaktionsko-
stenvorteile von Terminmärkten zerstören und weiteres Senkungspotential bei den Transaktionskosten blockieren, wenn die Einordnung als Gewerbebetrieb höhere Steuerzahlungen als im Rahmen
privater Vermögensverwaltung zur Folge hätte.

Es können auch die steuerlichen Rahmenbedingungen selbst sein,
deren asymmetrische Beurteilung ökonomisch äquivalenter oder
ähnlicher Sachverhalte einen Anleger dazu veranlaßt, vor Zahlungs-
terminen von Dividenden oder Zinsen sein Portefeuille umzuschich-

---

1)   Es sei z.B. an den Einsatz von Termingeschäften bei dynamischen
     Portfolio-Insurance-Strategien gedacht; T. J. O'Brien (1988).

2)   J. M. Burns (1982); M. H. Miller (1989), S. 52; F. R. Edwards u.
     C. W. Ma (1992), S. 240; H. R. Stoll u. R. E. Whaley (1993), S.
     13.

ten. Wegen der steuerlichen Vorschriften könnte sich der Anleger dann sogar genötigt fühlen, die Handelshäufigkeit zu erhöhen.[1)]

3. Positionshaltedauer

Als drittes quantitatives Abgrenzungsmerkmal kann man die Positionshaltedauer ins Spiel bringen. Dieses Abgrenzungsmerkmal hängt eng mit der Handelshäufigkeit zusammen. Es könnte ermittelt werden, wie lange Anleger Positionen durchschnittlich halten. Kürzere Zeiträume könnten auf ein professionelleres Anlegerverhalten und damit auf Einkünfte aus Gewerbebetrieb hindeuten.

Abgesehen von Zuordnungsproblemen bei der Verbrauchsfolge und von zusätzlichen Ermittlungskosten ist die Festlegung einer Ausscheidungsgrenze willkürlich. Die Haltedauer kann sogar durch die steuerlichen Rahmenbedingungen selbst beeinflußt werden. Asymmetrien bei der zeitlichen Zuordnung der Ergebnisse können Anleger dazu zwingen, die Zeitpunkte des Öffnens und des Schließens von Terminpositionen im Vergleich zum Nichtsteuerfall zu verändern.

Geringere Transaktionskosten bei Termingeschäften können ebenfalls dazu führen, Positionen häufiger zu öffnen und zu schließen. Daraus ergibt sich eine kürzere durchschnittliche Positionshaltedauer. Es wäre nicht vertretbar, wenn die gesteigerte Effizienz eines

---

1) Bedenklich ist, daß sich solche Abgrenzungsmerkmale nach Ansicht der Finanzrechtsprechung eignen, um einen gewerblichen Handel zu begründen; BFH-Urteil v. 31. Juli 1990, S. 66; G. Stuhrmann (1991 ff.), Anm. 119 zu § 15 EStG.

Marktes infolge geringerer Transaktionskosten eine Auswirkung auf die Zuordnung zu einem Gewerbebetrieb oder einer privaten Vermögensverwaltung hat. Werden deshalb mehr Geschäfte gewerblich eingeordnet, könnten weniger Anleger auf Terminmärkten handeln. Das kann die Markteffizienz verringern. Auch dieses quantitative Abgrenzungsmerkmal muß man daher ablehnen.

Auf den ersten Blick scheint damit die Suche nach ökonomisch optimalen Abgrenzungsmerkmalen gescheitert zu sein. Man kann allerdings den Bereich quantitativer Merkmale verlassen und sich möglichen qualitativen Kriterien zuwenden. Darunter werden in der vorliegenden Untersuchung Termingeschäftsmotive und die Portefeuillefinanzierung verstanden.

II.   Qualitative Abgrenzungsmerkmale

1.   Termingeschäftsmotiv

Man kann drei Motive für Termingeschäfte unterscheiden: Kurssicherung, Spekulation und Arbitrage. Das Kurssicherungsmotiv könnte sich eignen, um einen Gewerbebetrieb von einer privaten Vermögensverwaltung abzugrenzen.

Man kann sich Kurssicherungsstrategien vorstellen, bei denen Anleger ex ante zusätzliche Kursgewinne durch den Einsatz von Termingeschäften ausschließen. Ein Terminverkauf einer bestehenden Kassaposition könnte genutzt werden, um entstandene Kursgewinne zu sichern, ohne das Ziel zu verfolgen, zusätzliche Kursgewinne durch das Termingeschäft entstehen zu lassen. Eine Gewinnerzielungsabsicht aus dem Kurssicherungsgeschäft ist folglich zu verneinen.

Es ist nach diesem Vorschlag denkbar, die steuerliche Einordnung von Ergebnissen aus Kurssicherungsgeschäften als Einkünfte aus Gewerbebetrieb an der fehlenden Gewinnerzielungsabsicht scheitern zu lassen.[1] Umgekehrt kann man, sofern alle anderen Tatbestandsmerkmale erfüllt sind, ein Termingeschäft aus einem Spekulations- oder Arbitragemotiv den Einkünften aus Gewerbebetrieb zuordnen, weil eine Gewinnerzielungsabsicht vorliegt.[2]

Probleme treten auf, wenn ex post tatsächlich ein Kursgewinn aus der Terminposition entstanden ist oder wenn ein Kurssicherungsgeschäft durchgeführt wird, bei dem ex ante ein Kursgewinn möglich ist. In diesen Fällen läßt sich nicht mit Sicherheit feststellen, aus welchem Motiv das Termingeschäft abgeschlossen wurde.

Aus dem normativen Blickwinkel der Steuermodelle spielen die Motive für Termingeschäfte keine Rolle. Ökonomisch ergibt eine Unter-

---

1) Man kann einwenden, das Kurssicherungsgeschäft unterstütze eine auf Gewinnerzielung ausgerichtete Transaktion, oder es führe, zusammen mit dem Grundgeschäft betrachtet, grundsätzlich nicht zu Gewinnen.

2) Das wäre vorstellbar, wenn man dem Urteil des Hessischen Finanzgerichts v. 6. Februar 1992, S. 457, i.V.m. dem BFH-Urteil v. 21. Mai 1976, S. 588, folgt. Vgl. zu ähnlichen Abgrenzungsfragen in der Schweiz P. Agner (1991), S. 143.

scheidung für steuerliche Zwecke nämlich keinen Sinn. Stellt man zum Beispiel Termingeschäfte aus Spekulationsmotiven schlechter als Termingeschäfte aus Kurssicherungsmotiven, besteht die Gefahr, die für funktionierende Märkte notwendigen Spekulanten zu verdrängen, weil der Staat eine steuerliche Marktzutrittsbarriere aufbaut. Stehen weniger Spekulanten als Marktteilnehmer zur Verfügung, sinkt die Marktliquidität. Folglich wirkte die Umsetzung des Vorschlages wie eine Steuer auf die Marktliquidität.[1] Das Abgrenzungsmerkmal Termingeschäftsmotiv wird daher abgelehnt.

2. Portefeuillefinanzierung

Man kann untersuchen, ob sich die Art der Finanzierung eines Portefeuilles zur Abgrenzung eignet. Dieses qualitative Merkmal kann man mit quantitativen Aspekten verbinden. Wird das Portefeuille mit einem bestimmten Anteil an Fremdmitteln finanziert, kann man mutmaßen, die Verwaltung eigenen Vermögens sei überschritten.[2]

Auch wenn es aus ökonomischer Sicht nicht nachvollziehbar ist, wird in der Praxis oft willkürlich eine Finanzierung bestimmten

---

1) Begrifflich angelehnt an M. H. Miller (1991), S. 128 f.

2) Vgl. die Dissertation von J. Säuberli (1989), S. 110, zu ähnlichen Problemen in der Schweiz.

Vermögensgegenständen zugeordnet.[1] Man scheint dabei allerdings zu übersehen, daß es schwierig festzustellen ist, welcher Anteil aufgenommener Fremdmittel mit bestimmten Anlageentscheidungen zusammenhängt. Dazu kommt, daß die Inanspruchnahme fremder Mittel zeitraumbetrachtet schwanken kann. Die Anleger sind möglicherweise durch eine solche Abgrenzung auch gezwungen, ein aus ökonomischer Sicht optimales Verhältnis zwischen eigenen und fremden Mitteln zu verletzen, weil steuerliche Gründe dem entgegenstehen.[2] Das Merkmal Portefeuillefinanzierung erweist sich deshalb auch als ungeeignet.

Wenn die Untersuchung an dieser Stelle die Prüfung denkbarer ökonomischer Abgrenzungskriterien beendet, könnte man schließen, daß es überhaupt keine überzeugenden Merkmale gibt.[3] Dieses Ergebnis stellt möglicherweise nicht zufrieden. Es kann aber ein Anreiz sein, sich zukünftig von der Unterscheidung zwischen Gewerbebetrieb und privater Vermögensverwaltung ganz zu lösen. Die im ersten Teil der Arbeit entwickelten Steuermodelle stützen diesen Schluß, denn sie legen nahe, nicht zwischen verschiedenen Ein-

---

1) Hessisches Finanzgericht, Urteil v. 6. Februar 1992, S. 457.

2) Ganz abgesehen davon, daß Anleger durch andere steuerliche Vorschriften überhaupt erst veranlaßt worden sein könnten, fremde Mittel aufzunehmen.

3) Vgl. B. Knobbe-Keuk (1993), S. 748 f.

kunftsarten zu unterscheiden. Konsequenterweise muß man aus ökonomischer Sicht dann auch die dritte These zur steuerrechtlichen Abgrenzung ablehnen.

C.   Zusammenfassung des zweiten Teils

Die wichtigsten Ergebnisse der vorangegangenen Abschnitte sollen
zum Abschluß des zweiten Teils kurz zusammengefaßt werden. Im
Mittelpunkt standen Abgrenzungsmerkmale zwischen Gewerbebetrieb und privater Vermögensverwaltung bei Termingeschäften.
Zunächst wurde herausgearbeitet, daß die Abgrenzungsmerkmale
Selbständigkeit und Gewinnerzielungsabsicht in den meisten Fällen
erfüllt sind. Anleger können auch davon ausgehen, daß das Kriterium der Nachhaltigkeit subjektiv und objektiv schnell erfüllt ist.

Beim Handel von Aktienindexoptionen ist das Tatbestandsmerkmal
der Teilnahme am wirtschaftlichen Verkehr erfüllt, weil die Verträge
auf einen entgeltlichen Leistungsaustausch gerichtet sind. Bei Aktienindex-Futures findet ein Leistungsaustausch dagegen nicht
statt. Die Teilnahme am wirtschaftlichen Verkehr ist bei Futures
nicht gegeben. Sofern sich die Gerichte dieser Einschätzung an-
schließen, kann der Handel von Aktienindex-Futures keinen Gewerbebetrieb begründen. Die früher zur Erfüllung der Teilnahme am allgemeinen Verkehr notwendige Sichtbarkeit für die Öffentlichkeit
scheint nach neueren Urteilen nicht mehr wesentlich zu sein.

Im weiteren prüfte die Arbeit, ob Termingeschäfte das Überschreiten der privaten Vermögensverwaltung beeinflussen. Im Ergebnis
kann man aus steuerrechtlicher Sicht der These zustimmen, daß
Termingeschäfte inzwischen zum üblichen Grundinstrumentarium in
der Vermögensanlage gehören und nicht zu einer geänderten Grenz-

ziehung zwischen Gewerbebetrieb und privater Vermögensverwaltung beitragen.

Anschließend wurden aus ökonomischer Sicht einige Abgrenzungsmerkmale beleuchtet. Die Untersuchung ergab, daß sich die potentiellen quantitativen Abgrenzungsmerkmale Vermögensgröße, Handelshäufigkeit und Positionshaltedauer nicht eignen, weil sie vermutlich die Markteffizienz verringern. Die qualitativen Abgrenzungsmerkmale Termingeschäftsmotive und Portefeuillefinanzierung überzeugen aus ökonomischer Sicht auch nicht. Stellt man zum Beispiel Termingeschäfte aus Spekulationsmotiven schlechter als Kurssicherungsgeschäfte, besteht die Gefahr, die für funktionierende Märkte notwendigen Spekulanten zu verdrängen. Das ist wie eine Steuer auf die Marktliquidität. Man sollte sich ebenfalls nicht an der Portefeuillefinanzierung orientieren, weil es willkürlich ist, Vermögensgegenständen eine bestimmte Finanzierung zuzuordnen. Anleger könnten sogar erst durch steuerliche Vorschriften veranlaßt worden sein, eine bestimmte Finanzierung zu wählen.

Die Untersuchung gelangt zu dem Schluß, daß es aus ökonomischer Sicht nicht einleuchtet, auch zukünftig zwischen Gewerbebetrieb und privater Vermögensverwaltung zu trennen. Man sollte sich von den Abgrenzungsmerkmalen ganz lösen. Das untermauern auch die ökonomischen Steuermodelle, wenn man bedenkt, daß sie nicht zwischen verschiedenen Einkunftsarten unterscheiden.

DRITTER TEIL

Besteuerung von Termingeschäften in Aktienindizes im Rahmen privater Vermögensverwaltung

Im Mittelpunkt dieses Teils steht die Beantwortung der Frage, wie Termingeschäfte in Aktienindizes im Rahmen privater Vermögensverwaltung besteuert werden.

Zunächst wird gezeigt, wie sich die Steuermodelle für Vorteilhaftigkeitsüberlegungen operationalisieren lassen. Anschließend werden die einkommensteuerlichen Vorschriften für Zinseinkünfte, Dividendeneinkünfte sowie Gewinne und Verluste aus Aktien dargestellt. Dann wird die Besteuerung von Aktienindex-Futures und Aktienindexoptionen erörtert. Auf dieser Grundlage werden Vorteilhaftigkeitsüberlegungen vorgenommen, die auf Asymmetrien bei der Zuordnung der Ergebnisse zu verschiedenen Einkunftsarten und innerhalb einer Einkunftsart beruhen. Am Schluß stellt dieser Teil Vorteilhaftigkeitsüberlegungen bei der zeitlichen Zuordnung der Ergebnisse vor.

A. Zuordnung der Ergebnisse zu verschiedenen Einkunftsarten
und innerhalb einer Einkunftsart

I. Operationalisierung der Modelle für steuerliche Vorteilhaftigkeitsüberlegungen

Von Steuerarbitrage spricht die Literatur,[1] wenn ein Anleger Gewinne erzielen kann, weil der Staat ökonomisch äquivalente Anlagealternativen ungleich besteuert. Die Höhe der Steuerarbitragegewinne muß am Beginn der Anlageperiode nicht bekannt sein. Steuerlich bedingte Verluste muß man aber ausschließen können.[2]

Steuerarbitrage läßt sich durch zwei Begriffspaare näher kennzeichnen. Das erste Begriffspaar trennt zwischen steuerlicher Ausgleichsarbitrage und steuerlicher Differenzarbitrage. Bei steuerlicher
Ausgleichsarbitrage wählt ein Anleger unter Berücksichtigung von
Steuern den günstigsten Weg, um eine gewünschte Position einzugehen. Von steuerlicher Differenzarbitrage spricht man, wenn ein
Anleger gleichzeitig eine ökonomisch äquivalente Position kauft sowie verkauft und daraus einen Steuervorteil erzielt.

Das zweite Begriffspaar knüpft an die steuerlichen Modellannahmen
des ersten Teils an. Zum einen lassen sich Asymmetrien bei der Zuordnung der Ergebnisse zu verschiedenen Einkunftsarten und in-

---

1) R. S. Hamada u. M. S. Scholes (1985), S. 193; C. W. Smith et al.
(1990), S. 219; M. S. Scholes u. M. A. Wolfson (1992), S. 104.

2) Siehe auch Abschnitt A. II. 1. a) des ersten Teils.

nerhalb einer Einkunftsart zusammenfassen. Zu einem weiteren Typ kann man steuerliche Asymmetrien bei der zeitlichen Zuordnung der Ergebnisse bündeln.

Es kommt auch darauf an, welche Anleger Steuerarbitrage vornehmen. Die marktteilnehmerdifferenzierte Würdigung des Zerlegungsansatzes ergab,[1] daß man in der Realität zwischen marginalen und inframarginalen Anlegern unterscheiden kann. Marginale Anleger bestimmen die Marktpreise. Werden bei den marginalen Anlegern alle Einkunftsarten gleich besteuert, ermitteln sie für Finanzinstrumente im Nichtsteuerfall und im Steuerfall gleiche Werte. Das gilt auch für Aktienindex-Futures. Im Nichtsteuerfall und im Steuerfall ermitteln die marginalen Anleger den Wert eines Aktienindex-Future mit Gleichung (1.6):

$$(1.6) \qquad F = S(1 + r_B) - D^*.$$

Für marginale Anleger gibt es keine Steuerarbitragemöglichkeiten. Sie sind indifferent zwischen dem Kauf von Aktien und dem Kauf von Aktienindex-Futures.

Damit ist noch nichts über Steuerarbitragemöglichkeiten inframarginaler Anleger gesagt. Um die Steuermodelle für Vorteilhaftigkeitsüberlegungen inframarginaler Anleger zu operationalisieren, muß man zuerst die Annahme aufheben, daß alle Anleger gleich besteuert werden. Zusätzlich wird angenommen, daß inframarginale Anle-

---

1)   Siehe Abschnitt B. I. 1. des ersten Teils.

ger den Wert eines Aktienindex-Future wegen steuerlichen Asymmetrien nicht mit Gleichung (1.6), sondern mit Gleichung (3.1) bestimmen:

(3.1) $F = S(1 + r_B) - D^* + A$

mit:

A   =   Steuerarbitrageterm für inframarginale Anleger.

Der Steuerarbitrageterm A in der Gleichung (3.1) gibt an, wie groß der steuerlich bedingte Bewertungsunterschied von Aktienindex-Futures zwischen inframarginalen und marginalen Anlegern ist. Inframarginale Anleger können Steuerarbitragegewinne in Höhe von A erzielen.[1] Dabei wird angenommen, daß die Marktpreise der Finanzinstrumente mit den Werten übereinstimmen, die marginale Anleger ermitteln, bei denen alle Einkunftsarten gleich besteuert werden.

Dieser Teil der Arbeit untersucht, welche Werte A beim Handel von Aktienindex-Futures und Aktienindexoptionen im Rahmen privater Vermögensverwaltung annehmen kann. Dazu stellen die folgenden Abschnitte die einkommensteuerlichen Vorschriften für Zins- und Dividendeneinkünfte, Gewinne und Verluste aus Aktien sowie Aktienindex-Futures und Aktienindexoptionen vor.

---

1)   M. S. Scholes u. M. A. Wolfson (1992), S. 417-419.

II. Zinseinkünfte und Dividendeneinkünfte

Nach § 2 Abs. 1 Satz 1 EStG unterliegen neben den fünf anderen Einkunftsarten des EStG die Einkünfte aus Kapitalvermögen i.S.d. § 20 EStG und die sonstigen Einkünfte i.S.d. §§ 22 und 23 EStG der Besteuerung. Die Einkünfte werden als Überschuß der Einnahmen über die Werbungskosten i.S.d. §§ 8 bis 9 a EStG ermittelt.[1]

Dividendeneinkünfte werden nach § 20 Abs. 1 Nr. 1 Satz 1 EStG besteuert. Handelt es sich um Dividendenzahlungen einer deutschen Körperschaft, muß man das körperschaftsteuerliche Anrechnungsverfahren beachten. Der Term D^* steht dann für den Endwert der Bruttodividenden. Der Endwert der Bruttodividenden setzt sich aus dem Endwert der Bardividenden und dem Endwert der Körperschaftsteuergutschriften zusammen.

Zinseinkünfte aus bonitätsrisikofreien Titeln lassen sich unter § 20 Abs. 1 Nr. 7 EStG subsumieren.[2] Freibeträge und Pauschbeträge

---

1)   § 2 Abs. 2 Nr. 2 EStG.

2)   Hervorzuheben ist, daß Zinseinkünfte in der vorliegenden Untersuchung nicht steuerlich begünstigt sind. Man könnte weitere Vorteilhaftigkeitsüberlegungen auch an bonitätsrisikofreien Finanztiteln mit gleicher Gesamtsteuerbelastung anknüpfen, die unterschiedliche Komponenten expliziter und impliziter Steuern enthalten. Ein Anhaltspunkt dafür war die mittlerweile aufgehobene Steuerfreiheit von Zinsen aus festverzinslichen Wertpapieren i.S.d. (mit Wirkung vom Veranlagungszeitraum 1992 gestrichenen) § 3 a EStG; J. P. Meincke (1988 ff.), Anm. 1-9 zu § 3 a EStG; T. Ehmcke (1991 ff.), Anm. 1-24 zu § 3 a EStG.

für Werbungskosten werden einfachheitshalber vernachlässigt.[1]

III. Gewinne und Verluste aus Aktien

1. Pluspositionen in Aktien

Nach § 23 Abs. 1 Satz 1 Nr. 1 EStG sind Spekulationsgeschäfte Veräußerungsgeschäfte, bei denen der Zeitraum zwischen Anschaffung und Veräußerung bei anderen Wirtschaftsgütern als bei Grundstücken und Rechten, die den Vorschriften des bürgerlichen Rechts über Grundstücke unterliegen, nicht länger als sechs Monate ist (Buchstabe b). Veräußerungsgeschäfte in Wirtschaftsgütern nach § 23 Abs. 1 Satz 1 Nr. 1 b) EStG, bei denen der Zeitraum zwischen Anschaffung und Veräußerung länger als sechs Monate ist, bleiben steuerfrei.[2] Spekulationsgeschäfte liegen nicht vor, wenn die

1)   Bei den Einkünften aus Kapitalvermögen hat ein Anleger einen Sparerfreibetrag in Höhe von DM 6 000, wenn er nicht zusammen mit dem Ehegatten veranlagt wird; § 20 Abs. 4 Satz 1 EStG. Bei Zusammenveranlagung mit dem Ehegatten erhöht sich der Betrag auf DM 12 000; § 20 Abs. 4 Satz 2 EStG. Bei den Werbungskosten darf ein Pauschbetrag von DM 100 angesetzt werden. Bei Ehegatten, die nach den §§ 26, 26 b EStG zusammen veranlagt werden, erhöht sich der Pauschbetrag auf DM 200; § 9 a Satz 1 Nr. 2 EStG.

2)   Die Spekulationsfrist ist mehrfach geändert worden; H. Glenk (1991 ff.), Anm. 2 zu § 23 EStG; R. Jansen (1992 ff.), Anm. 4 zu § 23 EStG. Zum Beispiel waren durch Verordnung des Reichsministers der Finanzen über die Nichtbesteuerung der Einkünfte aus Wertpapierveräußerungen v. 22. Juli 1939, S. 857, Veräußerungen von Wertpapieren in den Kalenderjahren 1939 und 1940 von der Einkommensteuer freigestellt.

Veräußerung von Wirtschaftsgütern im Rahmen der Nrn. 1 bis 6
des § 2 Abs. 1 Satz 1 EStG anzusetzen ist.[1]

Den Wirtschaftsgutbegriff verwendet § 23 EStG wie die Gewinner-
mittlungsvorschriften des EStG. Grundsätzlich fallen alle materiellen
und immateriellen Wirtschaftsgüter unter § 23 EStG. Ausdrücklich
werden in § 23 Abs. 1 Satz 1 Nr. 1 b) EStG Wertpapiere genannt.
Dazu gehören Aktien. Der Gewinn oder Verlust aus einem Spekulationsgeschäft ist der Unterschied zwischen dem Veräußerungspreis
einerseits und den Anschaffungs- oder Herstellungskosten sowie
den Werbungskosten andererseits.[2]

Werbungskosten sind nach § 9 Abs. 1 Satz 1 und 2 EStG die Aufwendungen zur Erwerbung, Sicherung und Erhaltung der Einnahmen und sind bei der Einkunftsart abzuziehen, bei der sie erwach-

---

1)   § 23 Abs. 3 Satz 1 EStG; H. Glenk (1991 ff.), Anm. 11-14 zu §
        23 EStG; R. Jansen (1992 ff.), Anm. 168 zu § 23 EStG. Für die
        vorliegende Untersuchung gilt, daß die Tatbestandsmerkmale des
        § 17 EStG (Veräußerung von Anteilen an Kapitalgesellschaften bei
        wesentlicher Beteiligung) nicht erfüllt sind.

2)   § 23 Abs. 4 Satz 1 EStG. Zum Anschaffungs- und Veräußerungs-
        begriff siehe H. Glenk (1991 ff.), Anm. 41-44, 81 f. zu § 23
        EStG; R. Jansen (1992 ff.), Anm. 80-110 zu § 23 EStG; J. Dahm
        u. R. Hamacher (1994), S. 20 f.; W. Heinicke (1994), Anm. 5-7
        zu § 23 EStG; zur Fristenberechnung siehe H. Glenk (1991 ff.),
        Anm. 91-102 zu § 23 EStG; R. Jansen (1992 ff.), Anm. 144 zu §
        23 EStG; W. Heinicke (1994), Anm. 8 zu § 23 EStG; zu den
        Tatbestandsmerkmalen Veräußerungspreis, Anschaffungskosten
        und Herstellungskosten siehe R. Jansen (1992 ff.), Anm. 185-196
        zu § 23 EStG; W. Heinicke (1994), Anm. 9 a) - c) zu § 23 EStG.

sen sind.[1] Gezahlte Zinsen zur Kreditfinanzierung von Aktien sind bis zur Höhe des erzielten Spekulationsgewinns abziehbar.[2] Übersteigende Schuldzinsen können bis zur Höhe der während der Besitzzeit anfallenden Kapitalerträge Werbungskosten bei den Einkünften aus Kapitalvermögen sein.[3] Es wird im weiteren vereinfachend davon ausgegangen, daß man die Schuldzinsen steuerpflichtigen Spekulationsgewinnen aus anderen Positionen zuordnen kann, sofern der Abzug bei den Einkünften aus Kapitalvermögen nur eingeschränkt möglich ist.

Ein Anleger muß auch die Verbrauchsfolgeregeln beachten. Sie können interessant sein, wenn man bei mehreren Anlageperioden beispielsweise Kaufoptionen mit Aktien und bonitätsrisikofreien Finanztiteln nachbildet. Nach einem Kursanstieg (Kursrückgang) kauft (verkauft) ein Anleger Aktien.[4] Ohne Restriktionen bei der Zuordnung eines Kaufs oder Verkaufs zu einer bestehenden Position könnte der Anleger selbst entscheiden, ob er Gewinne oder

---

1) Zum Werbungskostenbegriff siehe R. Wacker (1988 ff.), Anm. 63 f. zu § 23 EStG; W. Drenseck (1994), Anm. 2 zu § 9 EStG. Zu Schuldzinsen als Werbungskosten i.S.d. § 9 Abs. 1 Satz 3 Nr. 1 EStG siehe ebenda, Anm. 4 a) - c) zu § 9 EStG, Anm. 55 zu § 20 EStG.

2) H. Glenk (1991 ff.), Anm. 133 zu § 23 EStG; R. Jansen (1992 ff.), Anm. 201 zu § 23 EStG.

3) R. Wacker (1988 ff.), Anm. 63 zu § 23 EStG.

4) M. Rubinstein u. H. E. Leland (1981); R. M. Bookstaber (1991), S. 161-164.

Verluste realisiert.[1] Die Realität sieht allerdings anders aus. Nach einem BFH-Urteil ist die Sechsmonatsfrist nur gewahrt, wenn ausgeschlossen werden kann, daß die veräußerten Wertpapiere außerhalb dieser Frist erworben wurden.[2]

Darüber hinaus müssen weitere Vorschriften berücksichtigt werden. Nach § 23 Abs. 4 Satz 2 EStG bleiben Spekulationsgewinne steuerfrei, wenn der aus Spekulationsgeschäften erzielte Gesamtgewinn im Kalenderjahr geringer als DM 1 000 ist (Freigrenze). Die Freigrenze wird einfachheitshalber im weiteren vernachlässigt. Nach § 23 Abs. 4 Satz 3 EStG dürfen Verluste aus Spekulationsgeschäften nur bis zur Höhe des Spekulationsgewinns ausgeglichen werden, den ein steuerpflichtiger Anleger im gleichen Kalenderjahr erzielt hat. Die Verluste dürfen nicht nach § 10 d EStG abgezogen werden. Diese Vorschrift begrenzt steuerliche Vorteilhaftigkeitsüberlegungen. Es wird daher im folgenden davon ausgegangen, daß man Spekulationsverluste stets verrechnen kann, weil immer Spekulationsgewinne in ausreichender Höhe aufgelaufen sind.

---

1) F. Black (1989), S. 82.

2) BFH-Urteil v. 24. November 1993, S. 591. Die Höhe des Spekulationsgewinns läßt sich nur mit einer Durchschnittsbewertung ermitteln. Der BFH hat der von der Finanzverwaltung favorisierten Lifo-Methode, nach der zuletzt angeschaffte Wertpapiere als zuerst veräußert gelten, eine Absage erteilt. Ebenfalls lehnt der BFH die Fifo-Methode ab, nach der zuerst angeschaffte Wertpapiere als zuerst veräußert gelten; a.A. R. Jansen (1992 ff.), Anm. 125 zu § 23 EStG.

2. Minuspositionen in Aktien

Dieser Abschnitt erörtert, wie Gewinne und Verluste aus Aktien einkommensteuerlich eingeordnet werden, deren Veräußerung vor ihrem Erwerb erfolgt. Aus ökonomischer Sicht sind Aktienleerverkäufe Kassageschäfte. Ein Aktienleerverkauf ist das Spiegelbild eines Aktienkaufs. Zum einen kann ein Leerverkäufer seiner Lieferverpflichtung nachkommen, indem er noch am gleichen Tag die Papiere kauft. Zum anderen ist es möglich, sich die Papiere über ein Sachdarlehen zu beschaffen und diese Stücke zu liefern. Im ersten Fall sind Gewinne oder Verluste unter § 23 Abs. 1 Satz 1 Nr. 2 EStG (Veräußerung von Wirtschaftsgütern vor ihrem Erwerb) einzuordnen. Der zweite Fall scheint für einen privaten Anleger realitätsnäher zu sein. Er erfordert einige Vorüberlegungen.

Der Sachdarlehensgeber verpflichtet sich, dem Darlehensnehmer gegen Zahlung einer Provision das Eigentum an den Aktien zu übertragen. Bei Fälligkeit überträgt der Darlehensnehmer Wertpapiere gleicher Ausstattung zurück. Ihm stehen alle Rechte an den Aktien zu. Er kann sie an andere Marktteilnehmer verleihen, verkaufen oder verpfänden.[1] Steuerlich wird er wirtschaftlicher Ei-

---

1) Zivilrechtlich handelt es sich bei der "Wertpapierleihe" nicht um eine Leihe i.S.d. § 598 BGB, sondern um ein Sachdarlehen i.S.d. §§ 607-610 BGB; S. Kümpel (1990), S. 909 f.; A. Dörge (1992), S. 94. Darlehensverträge über Wertpapiere sind frei gestaltbar, was Laufzeit, Kündigungsmöglichkeiten sowie Form und Umfang der Verzinsung betrifft, es sei denn, man wickelt Geschäfte innerhalb eines organisierten Systems ab; W. Oho u. R. v. Hülst (1992), S. 2583. Zum sogenannten Leihsystem des Deutscher Kassenverein AG (DKV) siehe DKV (1990); A. Dörge (1992), S.
(Fortsetzung...)

gentümer der Aktien (§ 39 AO). Sämtliche Einkünfte aus den über-
tragenen Aktien werden ihm zugerechnet.[1]

Obwohl das zivilrechtliche Eigentum an den Aktien übergeht, liegt
beim Sachdarlehensgeber kein steuerpflichtiges Spekulationsgeschäft vor, weil er die Aktien nicht veräußert.[2] Provisionen und
die Kompensationszahlungen für Dividenden sind Einkünfte aus
sonstigen Leistungen i.s.d. § 22 Nr. 3 EStG.[3]

---

1)(...Fortsetzung)
37-76. Jedes Kreditinstitut, das als Kontoinhaber beim DKV zu-
gelassen ist, kann auf Antrag die "Leihe" nutzen; DKV (1990),
Ziffer 1. Andere Marktteilnehmer können sie indirekt über die DKV-
Kontoinhaber nutzen; siehe Sonderbedingungen für Wertpapier-
Leihgeschäfte (1990).

1)   H. Häuselmann u. T. Wiesenbart (1990a), S. 2130; W. Oho u. R.
      v. Hülst (1992), S. 2584. Die Sonderbedingungen für Wertpapier-
      Leihgeschäfte (1990), Ziffer 12, sehen vor, entliehene Aktien zwei
      Bankarbeitstage vor dem Tag zurückzugeben, an dem der Kassen-
      verein nach Maßgabe seiner Geschäftsbedingungen die Gewinn-
      anteilscheine von den Aktien trennt. Wird die Rückgabepflicht
      nicht erfüllt, hat der Darlehensnehmer den Gegenwert der fälligen
      Gewinnanteilscheine netto zu vergüten und in Höhe der hierauf
      entfallenden Kapitalertragsteuer und des Körperschaftsteuergutha-
      bens eine Barzahlung zu leisten (Kompensationszahlung). Das
      Darlehen wird in dem Fall über den Dividendentermin hinaus fort-
      gesetzt; W. Oho u. R. v. Hülst (1992), S. 2583 f.

2)   BMF-Schreiben v. 3. April 1990, S. 1479; W. Oho u. R. v. Hülst
      (1992), S. 2586; H. Häuselmann (1993), S. 8712.

3)   BMF-Schreiben v. 26. November 1990, S. 48; R. Hamacher
      (1990a), S. 35-37; H. Heuer (1992), S. 323; W. Oho u. R. v.
      Hülst (1992), S. 2584; H. Häuselmann (1993), S. 8712.

Vereinnahmte Dividenden sind beim Darlehensnehmer wie Dividendeneinkünfte aus gekauften Aktien zu besteuern. Die Kompensationszahlung an den Geber gehört zu den Werbungskosten bei den
Einkünften aus Kapitalvermögen.[1] Angelehnt an die BFH-Rechtsprechung zur Abziehbarkeit von Schuldzinsen könnte man die
Zuordnung der Kompensationszahlung zu den abziehbaren Werbungskosten ablehnen, wenn bei den Einnahmen und Ausgaben auf
Dauer kein Überschuß erzielt wird. Wenn keine Werbungskosten
vorliegen, sind auch die Dividendeneinkünfte nicht steuerbar.[2]
Die Provision, die der Nehmer an den Geber zahlt, ist als Werbungskosten bei den sonstigen Einkünften, insbesondere bei den Einkünften aus Spekulationsgeschäften, oder bei den Einkünften aus
Kapitalvermögen abziehbar.[3]

Werden Aktien zurückübertragen, könnte man vermuten, daß der
Nehmer einen steuerlich relevanten Spekulationsgewinn oder -
verlust erzielt. Dagegen kann man wegen der Tatsache, daß Wirtschaftsgüter weder angeschafft noch veräußert werden, einwen-

---

1) BFH-Urteil v. 21. Juli 1981, S. 36, 41; BMF-Schreiben v. 26. November 1990, S. 48; H. Häuselmann (1993), S. 8712.

2) BFH-Urteil v. 23. März 1982, S. 463; BMF-Schreiben v. 26. November 1990, S. 48; R. Hamacher (1990b), S. 1449; a.A. W.
Oho u. R. v. Hülst (1992), S. 2584.

3) W. Oho u. R. v. Hülst (1992), S. 2584.

den, daß sich kein Unterschiedsbetrag zwischen Anschaffungs- und Veräußerungspreis ermitteln läßt.[1]

Nach all diesen Vorüberlegungen sei nun auf den zweiten Fall zurückgekommen. Wenn ein Anleger zuerst Aktien verkauft, die Lieferverpflichtung aus dem Leerverkauf mit Stücken aus einem Wertpapierdarlehen erfüllt und am Ende der Anlageperiode Aktien kauft, um seine Darlehensschuld auszugleichen, dann kann man die Veräußerung und den anschließenden Erwerb der Aktien wie schon den ersten Fall unter § 23 Abs. 1 Satz 1 Nr. 2 EStG subsumieren. Hervorzuheben ist, daß bei der Veräußerung von Aktien vor ihrem Erwerb keine Spekulationsfrist zu beachten ist. Gewinne und Verluste sind steuerlich immer relevant.[2]

Der Nehmer erzielt keine steuerpflichtigen Dividendeneinkünfte, weil er nach der Veräußerung der Aktien nicht mehr der Eigentümer der Stücke ist. Es könnte daher fraglich sein, ob die an den Geber zu entrichtende Kompensationszahlung als Werbungskosten bei der Ermittlung des Spekulationsgewinns oder -verlusts aus der Veräußerung und dem späteren Erwerb der Aktien abziehbar ist. Zwischen dem Darlehen und dem Spekulationsgeschäft besteht aber

---

1) W. Oho u. R. v. Hülst (1992), S. 2586; H. Häuselmann (1993), S. 8712.

2) Nach Nr. 3 der Bedingungen für Wertpapier-Leihgeschäfte des DKV (1990) können Aktien auf unbestimmte Zeit oder für einen bestimmten Zeitraum entliehen werden. Das Darlehen darf den Zeitraum von sechs Monaten allerdings nicht übersteigen. Es ist jedoch vorstellbar, zwischen anderen Vertragspartnern eine Frist zu vereinbaren, die länger als sechs Monate ist, wie das bei einer bankinternen Leihe möglich ist.

ein wirtschaftlicher Zusammenhang. Ohne das Darlehen hätte der Anleger die Aktien nicht verkaufen können. Der Zweck des Sachdarlehens besteht also darin, Einkünfte aus einem steuerpflichtigen Spekulationsgeschäft zu erzielen. Deshalb müssen die Zahlungen an den Darlehensgeber auch das steuerpflichtige Spekulationsergebnis verringern.

IV.   Gewinne und Verluste aus Aktienindex-Futures

1.   Steuerrechtliche Einordnung

Die finanzrichterlichen Entscheidungen zu Devisen- und Warentermingeschäften liefern einen Anhaltspunkt für die steuerrechtliche Einordnung des Barausgleichs bei Aktienindex-Futures. Der BFH hat entschieden, daß es bei verdeckten Differenzgeschäften i.s.d. § 764 Satz 1 BGB i.V.m. § 762 Abs. 1 BGB[1] für eine Besteuerung nach § 23 EStG an der gesetzlich geforderten Anschaffung und Veräußerung von Wirtschaftsgütern fehlt.[2]

---

1)   Gewinne und Verluste aus Differenzgeschäften werden zivilrechtlich als Spielgewinne und -verluste i.s.d. § 762 BGB eingeordnet; H. Thomas (1994), Anm. 7 zu § 764 BGB. Bei offenen Differenzgeschäften erfolgt die Vereinbarung über die Differenzerzielungsabsicht ausdrücklich. Bei verdeckten Differenzgeschäften besteht die Differenzerzielungsabsicht unausgesprochen; F. Häuser u. R. Welter (1990b), S. 447 f.; H. Thomas (1994), Anm. 2 f. zu § 764 BGB.

2)   BFH-Urteile v. 8. Dezember 1981, S. 618; v. 6. Dezember 1983, S. 132; v. 25. August 1987, S. 248; v. 13. Oktober 1988, S. 39; (Fortsetzung...)

Es liegt daher nahe zu prüfen, ob Anleger bei Aktienindex-Futures Wirtschaftsgüter anschaffen und veräußern. Die Frage drängt sich vor allem aus ökonomischer Sicht auf, weil Anleger mit den Referenzgütern von Aktienindex-Futures Spekulationsgewinne und -verluste erzielen können.

Es ist mittlerweile weitgehend gesichert, daß Futures schwebende Geschäfte sind, solange sie nicht erfüllt oder glattgestellt wurden. Ein Anleger schafft daher keine Wirtschaftsgüter an, wenn er eine Plusposition in Aktienindex-Futures eingeht.[1] Statt dessen beschränkt sich der Vertragsinhalt auf den Ausgleich einer Preisdifferenz, die zwischen dem Beginn und dem Ende der Anlageperiode entsteht. Ein Vertrag, der eine Lieferung von Wirtschaftsgütern nicht beinhaltet, sondern von vornherein bestimmt, daß der Verlierer den Unterschied zwischen einem vereinbarten Preis und einem zukünftigen Preis an den Gewinner zu zahlen hat, ist zivilrechtlich ein Spiel nach § 762 Abs. 1 BGB.

Wegen dieser Einordnung muß man nicht untersuchen, ob der Bar-

---

2)(...Fortsetzung)
R. v. Arnim (1982), S. 848; ders. (1983), S. 73; R. Wacker (1988 ff.), Anm. 38 zu § 23 EStG; R. Jansen (1992 ff.), Anm. 155 zu § 23 EStG. A.A. M. Streck (1975), S. 2104; G. Stuhrmann (1977); FG Düsseldorf, Urteil v. 21. Februar 1984, n. rkr., S. 454; C. Herrmann et al. (1992 ff.), Anm. 41 alt (Lieferung 114 v. September 1975) zu § 23 EStG.

1)   M. Jutz (1989), S. 154; J. Jung u. H. Schmekel (1991), S. 7; A. Grünewald (1993), S. 60-62; J. Jung u. U. Redanz (1993a), S. 72; J. Jung (1994), S. 70, 81.

ausgleich am Ende der Anlageperiode eine Art technisch bedingter "fiktiver Verkauf" im Sinn einer nicht anders machbaren Glattstellung sein könnte und damit möglicherweise einer Veräußerung von Wirtschaftsgütern entspricht.[1] Der Prüfungsschritt wäre erforderlich, wenn es sich schon beim Eingehen einer Plusposition in Aktienindex-Futures um die Anschaffung von Wirtschaftsgütern handelte.

Gewinne und Verluste aus dem Barausgleich bei Aktienindex-Futures sind also keine Spekulationsgewinne oder -verluste. Das gilt auch, wenn ein Anleger zuerst eine Minusposition in Aktienindex-Futures eingeht, die am Ende der Anlageperiode bar abgerechnet wird. Spekulationsgeschäfte liegen ebenfalls nicht bei der Glattstellung einer zuerst eingegangenen Plusposition durch eine Minusposition vor dem Erfüllungstermin vor, weil am Beginn der Anlageperiode keine Wirtschaftsgüter angeschafft werden. Das Ergebnis kann auf die Glattstellung einer zuerst eingegangenen Minusposition in Aktienindex-Futures durch eine Plusposition vor dem Erfüllungstermin übertragen werden, bei der man möglicherweise die Veräußerung von Wirtschaftsgütern vor ihrem Erwerb nach § 23 Abs. 1 Satz 1 Nr. 2 EStG vermuten könnte.[2]

---

1) Das gilt auch für das Ergebnis aus einem täglichen Gewinn- und Verlustausgleich.

2) Vgl. H. Häuselmann u. T. Wiesenbart (1990b), S. 76; dies. (1990c), S. 7277; H. Heuer (1992), S. 322; J. Dahm u. R. Hamacher (1994), S. 18 f.; BMF-Schreiben v. 10. November 1994, S. 818. Bei Futures mit effektiver Andienung könnte bereits im Abschluß des Termingeschäftes ein Anschaffungs- oder Veräuße-
(Fortsetzung...)

Man könnte auch in Betracht ziehen, den Barausgleich den Einkünften aus Kapitalvermögen nach § 20 Abs. 1 Nr. 7 EStG zuzuordnen. Solche Einkünfte sind "Erträge aus sonstigen Kapitalforderungen jeder Art, wenn die Rückzahlung des Kapitalvermögens
oder ein Entgelt für die Überlassung des Kapitalvermögens zur Nutzung zugesagt oder gewährt worden ist, auch wenn die Höhe des
Entgelts von einem ungewissen Ereignis abhängt. Dies gilt unabhängig von der Bezeichnung und der zivilrechtlichen Ausgestaltung
der Kapitalanlage."[1]

Bei Aktienindex-Futures findet am Beginn der Anlageperiode keine
Auszahlung statt, so daß eine Kapitalüberlassung nicht vorliegt.
Sollten Auszahlungen im Rahmen eines täglichen Gewinn- und
Verlustausgleichs vorgenommen werden, ist darin ebenfalls keine
Kapitalüberlassung zu sehen. Es besteht kein Anspruch auf die
Rückerstattung überlassenen Kapitals oder auf die Zahlung eines
Entgelts für eine Kapitalüberlassung.[2]

---

2)(...Fortsetzung)
    rungsgeschäft über die den Futures zugrunde liegenden Wirt-
    schaftsgüter gesehen werden. Werden diese Wirtschaftsgüter
    später veräußert (erworben), kann ein steuerpflichtiges Spekula-
    tionsgeschäft vorliegen; J. Jung (1994), S. 81 f.

1)   § 20 Abs. 1 Nr. 7 EStG; zu den Änderungen durch das StMBG
    siehe F. Scheurle (1994), S. 445-447; J. Dahm u. R. Hamacher
    (1994), S. 4 f.

2)   Vgl. R. Hamacher (1993), S. 15 f.; J. Dahm u. R. Hamacher
    (1994), S. 18; F. E. Harenberg u. G. Irmer (1994), S. 8969; J.
    Jung (1994), S. 71 f.

Man kann schließlich untersuchen, ob die Ausgleichszahlung den sonstigen Einkünften i.S.d. § 22 Nr. 3 EStG zuzuordnen ist. Danach gehören Einkünfte aus Leistungen, soweit sie sich weder unter die anderen Einkunftsarten (§ 2 Abs. 1 Satz 1 Nrn. 1 bis 6 EStG) noch unter die Einkünfte im Sinn der Nummern 1, 1a, 2 oder 4 des § 22 EStG subsumieren lassen, zu den sonstigen Einkünften i.S.d. § 22 Nr. 3 EStG. Eine Leistung im Sinn dieser Vorschrift ist "...jedes Tun, Unterlassen und Dulden, das Gegenstand eines entgeltlichen Vertrages sein kann und um des Entgelts willen erbracht wird, sofern es sich nicht um Veräußerungsvorgänge und veräußerungs-ähnliche Vorgänge im privaten Bereich handelt, bei denen ein Ent-gelt dafür erbracht wird, daß ein Vermögenswert in seiner Substanz endgültig aufgegeben wird".[1] Finanzrichterlichen Entscheidungen zufolge kann der Barausgleich nicht unter diese Vorschrift subsu-miert werden, weil ein steuerbarer entgeltlicher Leistungsaustausch nicht vorliegt. Das gilt auch für Zahlungen aus dem täglichen Ge-winn- und Verlustausgleich.[2]

---

1)   FG Baden-Württemberg, Urteil v. 9. Februar 1984, rkr., S. 502; BFH-Urteile v. 28. November 1984, S. 264; v. 28. November 1990, S. 301, 303; G. Stuhrmann (1991 ff.), Anm. 149 f. zu § 22 EStG; W. Heinicke (1994), Anm. 31 a) zu § 22 EStG.

2)   Vgl. BFH-Urteile v. 6. Dezember 1983, S. 132; v. 25. August 1987, S. 248; v. 13. Oktober 1988, S. 40; v. 28. November 1990, S. 304; R. v. Arnim (1982), S. 849; R. Stephan (1988 ff.), Anm. 109 zu § 22 EStG; BMF-Schreiben v. 19. Dezember 1989, S. 1477; G. Stuhrmann (1991 ff.), Anm. 158 zu § 22 EStG; R. Jansen (1992 ff.), Anm. 238 zu § 22 EStG; R. Hamacher (1993), S. 16; J. Dahm u. R. Hamacher (1994), S. 18 f.; J. Jung (1994), S. 71.

Es ist zu vermuten, daß Anleger aus der Steuerfreiheit von Gewinnen und Verlusten aus Futures Vorteilhaftigkeitsüberlegungen ableiten können. Diesem Gegenstand sind die folgenden Abschnitte gewidmet.

2. Steuerliche Auswirkungen auf die Anlageentscheidung

a) Grundzüge

Bei der Analyse steuerlicher Auswirkungen auf die Anlageentscheidungen gelten die nichtsteuerlichen Annahmen weiter. Obgleich implizite Steuern in der Realität eine Rolle spielen können,[1] sollen sie einfachheitshalber im folgenden außer acht bleiben. Das ist vertretbar, wenn man bedenkt, daß in der vorliegenden Untersuchung Antworten auf steuerliche Fragen gesucht werden.[2]

Die steuerlichen Rahmenbedingungen verändern sich, weil die Besteuerung im Rahmen privater Vermögensverwaltung untersucht wird. Zu beachten ist vor allem, daß eine Anlageperiode nicht länger als sechs Monate ist. Gewinne und Verluste aus Aktien sind steuerlich also immer relevant.

Kauft ein Anleger Aktien, vereinnahmt die Dividenden und hält die

---

1) Siehe dazu Abschnitt B. I. 1. des ersten Teils.

2) Genaugenommen heißt das für alle folgenden Vorteilhaftigkeitsüberlegungen: $s_{impl} = 0$.

Stücke bis zum Ende der Anlageperiode (Anlagealternative I), hat er im Steuerfall ein Ergebnis, das mit dem Term (1.7) des ökonomischen Steuermodells übereinstimmt:

(1.7) $\qquad (S^* - S)(1 - s_S) + D^*(1 - s_D).$

Kauft der Anleger einen Aktienindex-Future und legt die frei zur Verfügung stehenden finanziellen Mittel bis zum Ende der Anlageperiode in bonitätsrisikofreien Finanztiteln an (Anlagealternative II), erzielt er entgegen Term (1.8):

(1.8) $\qquad (S^* - F)(1 - s_F) + S \times r_B(1 - s_B)$

ein Ergebnis in Höhe von

(3.2) $\qquad (S^* - F) + S \times r_B(1 - s_B).$

Der Anleger spart Steuern in Höhe von

(3.3) $\qquad A = (S^* - F)s_F,$

wenn die Aktienkurse gestiegen sind.[1]

---

1) Der Steuerarbitrageterm A errechnet sich auch mit der Gleichung $(S^* - F) - (S^* - F)(1 - s_F) = (S^* - F)s_F$. Zu betonen ist, daß s_F der marginale Steuersatz für Gewinne und Verluste aus Aktienindex-Futures ist, der bei einem steuerbaren Ergebnis anzusetzen wäre. Es sei daran erinnert, daß für die marginalen Steuersätze die Beziehung $s_B = s_D = s_F = s_O = s_S$ gilt.

Ist am Ende der Anlageperiode S^* > F (A > 0), erzielt ein Anleger einen Steuervorteil, wenn er am Beginn der Anlageperiode einen Future anstelle von Aktien gekauft hat. Er erzielt einen Steuernachteil, wenn S^* < F (A < 0) ist. Ex post hätte der Anleger wegen der fehlenden Verlustberücksichtigung, die sich aus der Nichtbesteuerung des Future ergibt, Aktien kaufen sollen. Ist am Ende der Anlageperiode S^* = F (A = 0), führen beide Anlagealternativen zu gleichen Ergebnissen.

Es lohnt sich, Vorteilhaftigkeitsüberlegungen dieses Typs umzusetzen, wenn die Prognose des Anlegers über die Richtung der Kursentwicklung am Ende der Anlageperiode richtig ist. Nach der allgemeinen Arbitragedefinition und der Steuerarbitragedefinition liegt eine Arbitrage nur vor, wenn am Beginn der Anlageperiode feststeht, daß der Anleger Verluste ausschließen und Gewinne erzielen kann. Die Höhe der Arbitragegewinne muß ex ante nicht bekannt sein. Strenggenommen liegt in den beiden bisher betrachteten Fällen daher keine steuerliche Zeitraumarbitrage vor.[1]

Man kann aber sagen, daß arbitrageähnliche steuerliche Vorteilhaftigkeitsüberlegungen vorliegen, wenn ein Anleger einen Steuervorteil erzielen kann, die Transaktionen arbitrageähnlich sind, Kursprognosen erforderlich sind und man Verluste nicht ausschließen kann. Ein Steuervorteil ergibt sich, wenn der Anleger über die richtige Prognose verfügt und den Staat an Verlusten, aber nicht an

---

1) Es läßt sich erkennen, daß die Vorteilhaftigkeitsüberlegung auch spekulativen Charakter hat, weil die steuerlichen Folgen von der Kursentwicklung der Anlageperiode abhängen.

Gewinnen beteiligen kann. Mit dieser Einschränkung steht der Term A im weiteren für den Steuerterm bei arbitrageähnlichen steuerlichen Vorteilhaftigkeitsüberlegungen inframarginaler Anleger.

Zur Veranschaulichung stellt die folgende Tabelle 3.1 die Zahlungsströme am Beginn und am Ende der Anlageperiode bei den Anlagealternativen I (Aktien) und II (Aktienindex-Future) gegenüber. Der Steuerterm A gibt an, ob die Anlagealternative II vorteilhafter oder nachteiliger als die Anlagealternative I ist. Die Tabelle 3.1 ist eine Variante der Tabelle 1.2, aus der man entnehmen konnte, daß im ökonomischen Steuermodell beide Anlagealternativen zu übereinstimmenden Ergebnissen führen.

Tab. 3.1   Zahlungsströme nach Steuern bei einer Plusposition in Aktienindex-Futures und entsprechenden Kassapositionen im Rahmen privater Vermögensverwaltung

Zeitpunkt Komponente	t = 0	t = T		
		$S^* > F$	$S^* = F$	$S^* < F$
(I) Aktien *Kauf in t = 0*	- S	$S^* - (S^* - S)s_S$	$S^* - (S^* - S)s_S$	$S^* - (S^* - S)s_S$
(I) Dividenden	-	$D^*(1 - s_D)$	$D^*(1 - s_D)$	$D^*(1 - s_D)$
(II) Future *Kauf in t = 0*	-	$S^* - F$	$S^* - F$	$S^* - F$
(II) Anleihe *Kauf in t = 0*	- S	$S[1 + r_B(1 - s_B)]$	$S[1 + r_B(1 - s_B)]$	$S[1 + r_B(1 - s_B)]$
Differenz zw. I u. II	0	$A = (S^* - F)s_F;$ $A > 0$	$A = (S^* - F)s_F;$ $A = 0$	$A = (S^* - F)s_F;$ $A < 0$

Quelle: eigene Darstellung.[1]

---

1)   Für t = T gilt: Wegen $s_B = s_D = s_F = s_S$ gilt: $D^*(1 - s_D) = [S(1 + r_B) - F](1 - s_D)$.

Das Prinzip der arbitrageähnlichen steuerlichen Vorteilhaftigkeitsüberlegung mit einer Plusposition in Futures läßt sich auf andere
Geschäfte übertragen. Die Gleichung (1.11) drückte aus, wie man
Gewinne oder Verluste errechnet, wenn ein Anleger einen Aktienindex-Future verkauft, der am Ende der Anlageperiode bar ausgeglichen werden:

$$(1.11) \qquad (F - S^*)(1 - s_F)$$
$$= - (S^* - S)(1 - s_S) - D^*(1 - s_D) + S \times r_B(1 - s_B).$$

Der vorangegangene Abschnitt zur steuerrechtlichen Einordnung
von Aktienindex-Futures ergab, daß das Eingehen einer Minusposition in Aktienindex-Futures und das Schließen der Position durch
Barausgleich einkommensteuerlich unbeachtlich ist. Mit diesem
Ergebnis verändert sich Gleichung (1.11) zu Gleichung (3.4):

$$(3.4) \qquad (F - S^*)$$
$$= - (S^* - S)(1 - s_S) - D^*(1 - s_D + S \times r_B(1 - s_B) + A.$$

Die linke Seite der Gleichung (3.4) zeigt, daß Gewinne und Verluste
aus Futures steuerlich unbedeutend sind. Der Term A auf der rechten Seite gleicht die daraus resultierende Differenz zwischen der
linken und der rechten Seite aus. Durch Umformung und Verein-
fachung der Gleichung (3.4) kann man den Term A mit Gleichung
(3.5) ermitteln. Sie lautet:

(3.5) $A = (F - S^*)s_F.$ [1]

Ist $S^* < F$ $(A > 0)$, erzielt ein Anleger einen Steuervorteil, wenn er einen Future verkauft. Ist $S^* > F$ $(A < 0)$, ergibt sich ein Steuernachteil, wenn der Anleger einen Future verkauft.

Die Gleichung (1.13) stellte dar, wie man die Zinszahlung durch die Ergebnisse von Geschäften in anderen Finanzinstrumenten nachbilden kann:

(1.13) $-S \times r_B(1 - s_B)$
$= (S^* - F)(1 - s_F) - (S^* - S)(1 - s_S) - D^*(1 - s_D).$

Sind Gewinne und Verluste aus Aktienindex-Futures steuerlich unbedeutend, verändert sich Gleichung (1.13) zu Gleichung (3.6):

(3.6) $-S \times r_B(1 - s_B)$
$= (S^* - F) - (S^* - S)(1 - s_S) - D^*(1 - s_D) - A.$

Die linke Seite der Gleichung (3.6) zeigt, wie hoch die Zinszahlung ist, wenn der Anleger direkt einen Kredit aufnimmt. Die rechte Seite der Gleichung (3.6) zeigt, zu welchem Ergebnis die Nachbildung führt.[2] Der Term A informiert darüber, in welcher Höhe die bei-

---

1)   Mit der Gleichung $(F - S^*) - (F - S^*)(1 - s_F) = (F - S^*)s_F$ kann man den Steuerterm A auch errechnen.

2)   Zu beachten ist die fünfte nichtsteuerliche Annahme, nach der für Wertpapierdarlehen keine Kosten anfallen.

den Anlagealternativen voneinander abweichen.[1] Mit der Gleichung (3.3) kann man den Term A ermitteln. Sie lautete:

(3.3) $A = (S^* - F)s_F$.

Sind die Aktienkurse bis zum Ende der Anlageperiode gestiegen, läßt sich mit der Nachbildung ein Steuervorteil erzielen ($S^* > F$; A > 0). Ist $S^* < F$ (A < 0), erzielt der Anleger einen Steuernachteil, wenn er anstelle der Aufnahme eines Kredites einen Future kauft und Aktien verkauft. Ex post hätte sich ein Anleger erstklassiger Bonität bei $S^* < F$ für die Direktaufnahme eines Kredites entscheiden müssen.[2]

Ein Anleger kann differenzarbitrageähnliche steuerliche Vorteilhaftigkeitsüberlegungen umsetzen, wenn er steigende Aktienkurse erwartet und einen Future kauft, Aktien verkauft sowie mit dem Verkaufserlös bonitätsrisikofreie Finanztitel erwirbt. Bei diesen Transaktionen ist A negativ, wenn sich die Kursprognose des Anlegers nicht erfüllt, obwohl Kursrisiken durch zwei entgegengesetzte äquivalente Positionen ausgeschlossen werden.

---

1)   Wichtig ist, daß die Kompensationszahlung steuerlich abziehbar sind. Anderenfalls würde sich der Term $D^* (1 - s_D)$ zu D^* verändern. Das würde für den Anleger einen Steuernachteil in Höhe von $- D^* s_D$ bedeuten.

2)   Solange Schuldzinsen allgemein nichtabziehbar sind, muß man annehmen, daß eine Kreditaufnahme mit einem steuerpflichtigen Spekulationsgeschäft oder der Anlage in anderen bonitätsrisikofreien Titeln zusammenhängt.

Die linke Seite der Gleichung (3.7) gibt den Steuerterm an. Aus der rechten Seite der Gleichung (3.7) kann man ersehen, welche Komponenten zu diesem Ergebnis beitragen:

$$(3.7) \qquad A = (S^* - F) - (S^* - S)(1 - s_S) - D^*(1 - s_D) + S \times r_B(1 - s_B).$$

Man kann den Term A auch mit Gleichung (3.3) ermitteln. Sie lautete:

$$(3.3) \qquad A = (S^* - F)s_F.$$

Dieser Abschnitt zeigte, wie sich die Steuermodelle bei Aktienindex-Futures für Vorteilhaftigkeitsüberlegungen verwenden lassen. Im folgenden geht es um die Beantwortung der speziellen Fragen, wie man Zins- oder Dividendeneinkünften steuerlich vorteilhaft nachbilden kann, und welche Besonderheiten man bei Performanceindizes beachten muß.

b) Besonderheiten beim Kapitalertragsteuerabzug und bei Performanceindizes

Zinseinkünfte aus bonitätsrisikofreien Titeln unterliegen nach § 43 Abs. 1 Satz 1 Nr. 7 a) EStG i.V.m. § 20 Abs. 1 Nr. 7 EStG der Kapitalertragsteuer (Zinsabschlagsteuer).[1] Es wird ein Abschlag

---

1) Zur Zinsabschlagsteuer siehe J. Jung u. N. Nüchter (1992); M. Bullinger u. J. Radke (1994); J. Jung (1994), S. 59-68.

in Höhe von 30 v.H. von Zinsen auf Kapitalforderungen einbehalten, wenn der Anleger ein Steuerinländer ist.[1] Bardividenden unterliegen gemäß § 43 Abs. 1 Satz 1 Nr. 1 EStG i.V.m. § 20 Abs. 1 Nr. 1 EStG der Kapitalertragsteuer. Der Steuersatz beträgt 25 v.H.[2]

Bei Aktienindex-Futures liegen keine steuerpflichtigen Einkünfte vor. Die Frage nach einem Kapitalertragsteuerabzug stellt sich nicht.[3] Es bietet sich daher zu prüfen an, ob man Zinseinkünfte und Dividendeneinkünfte mit Aktienindex-Futures nachbilden kann. Dann ließe sich eine Kapitalertragbesteuerung vermeiden.

Die Gleichung (1.12) zeigte, wie ein Anleger anstelle der direkten Anlage in bonitätsrisikofreien Titeln Aktien kaufen und einen Aktienindex-Future verkaufen kann:

$$(1.12) \quad S \times r_B(1 - s_B)$$
$$= (F - S^*)(1 - s_F) + (S^* - S)(1 - s_S) + D^*(1 - s_D) \, .$$

Sind Gewinne und Verluste aus dem Future steuerfrei, verändert sich Gleichung (1.12) zu Gleichung (3.8):

---

1) Bei Tafelgeschäften beträgt der Steuersatz 35 v.H.; § 43 a Abs. 1 Nr. 4 EStG.

2) § 43 a Abs. 1 Nr. 1 EStG.

3) Vgl. R. Hamacher (1993), S. 12, 15 f.; M. Bullinger u. J. Radke (1994), S. 267; J. Dahm u. R. Hamacher (1994), S. 19.

(3.8) $S \times r_B(1 - s_B) + A$

$= (S^* - S)(1 - s_S) + D^*(1 - s_D) - (S^* - F).$

Mit der rechten Seite der Gleichung (3.8) kann man die nachgebildeten Zinseinkünfte errechnen. Sie sind um A höher als in Gleichung (1.12), weil Futures steuerfrei sind. Es ist allerdings zu berücksichtigen, daß A auch negativ werden kann. Steuervorteil und Steuernachteil lassen sich mit Gleichung (3.5) errechnen. Sie lautete:

(3.5) $A = (F - S^*)s_F.$

Es ist erkennbar, daß die Nachbildung bei $S^* < F$ vorteilhafter als die Direktanlage in bonitätsrisikofreien Titeln ist (A > 0).[1] Der Anleger kann damit in jedem Fall die Zinsabschlagbesteuerung vermeiden.[2]

---

1)   Der Anleger hat kapitalertragsteuerabzugpflichtige Dividendeneinkünfte. Er erzielt jedoch bei sinkenden Aktienkursen steuerfreie Gewinne aus Aktienindex-Futures.

2)   G. Bamberg u. R. Trost (1995) zeigen, wie man auch außerhalb der Sechsmonatsfrist mit Aktienindex-Futures die Zinsbesteuerung vermeiden kann. Spekulationsgewinne und -verluste aus Pluspositionen in Aktien sind außerhalb der Spekulationsfrist steuerlich unbeachtlich. Dann kommt es für den Erfolg der steuerlichen Strategie auf die Aktienkurse am Ende der Anlageperiode nicht mehr an. In einem solchen Fall kann man von steuerlicher Differenzarbitrage sprechen. Bei einer Anlageperiode von weniger als sechs Monaten sind die Überlegungen Bambergs und Trosts allerdings im Licht der Ergebnisse der vorliegenden Untersuchung zu modifizieren.

Das Prinzip läßt sich auf die Nachbildung steuerpflichtiger Dividendeneinkünfte übertragen. Dazu muß man Gleichung

(1.4) $\quad (S^* - S)(1 - s_S) + D^*(1 - s_D)$
$\quad = (S^* - F)(1 - s_F) + S \times r_B(1 - s_B)$

zu Gleichung (3.9)

(3.9) $\quad D^*(1 - s_D) + A$
$\quad = (S^* - F) + S \times r_B(1 - s_B) - (S^* - S)(1 - s_S)$

umformen.[1]

Mit der rechten Seite der Gleichung (3.9) kann man die nachgebildeten Dividendeneinkünfte nach Steuern ermitteln. Sie sind um A höher als bei der Direktanlage in Aktien. Es ist wieder zu berücksichtigen, daß A negativ werden kann. A kann man mit Gleichung (3.3) ermitteln. Sie lautete:

(3.3) $\quad A = (S^* - F)s_F.$

Ein Steuervorteil läßt sich nur erzielen, wenn $S^* > F$ $(A > 0)$ ist. In

---

[1] Zu beachten ist wieder die fünfte nichtsteuerliche Annahme, nach der für Wertpapierdarlehen keine Kosten anfallen.

jedem Fall kann man die Besteuerung von Dividendeneinkünften vermeiden.[1] Ist $S^* < F$ (A $<$ 0), ergibt sich ein Steuernachteil.

Die bisher dargestellten steuerlichen Auswirkungen auf Anlageentscheidungen mit Futures in Kursindizes sind tendenziell auf Futures in Performanceindizes übertragbar. Bei einem Performanceindex werden die ausgeschütteten Dividenden rechnerisch wieder angelegt. Ausschüttungen werden also nicht nur den Aktienkäufern gutgeschrieben. Ein Korrekturfaktor verhindert, daß es einen Indexsprung gibt.

Der Deutsche Aktienindex (DAX) ist ein Performanceindex. Beim DAX beruht die Berechnung des Korrekturfaktors auf der Bereinigung um die Dividende i.S.d. § 20 Abs. 1 Nr. 1 EStG (Bardividende). Der Index wird nicht um die Körperschaftsteuergutschriften bereinigt, die die anrechnungsberechtigten Aktienkäufer vereinnahmen können.[2] Loistl und Kobinger schlagen daher vor, bei der Bewertung von DAX-Futures anstelle der Bruttodividenden die Körperschaftsteuergutschriften abzuziehen.[3] Die Gleichung (1.6) ver-

---

1) Der Anleger hat Zinseinkünfte und gegebenenfalls Gewinne nach § 23 Abs. 1 Satz 1 Nr. 2 EStG. Er erzielt jedoch bei steigenden Aktienkursen steuerfreie Gewinne aus Aktienindex-Futures.

2) B. Janßen u. B. Rudolph (1992), S. 22-26, 56-60; G. Bamberg u. K. Röder (1994), S. 1-5; G. Bamberg u. R. Trost (1995), S. 266-268. Die Körperschaftsteuergutschrift beträgt 3/7 der steuerpflichtigen Bardividende; § 36 Abs. 2 Nr. 3 i.V.m. § 20 Abs. 1 Nr. 1 EStG.

3) O. Loistl u. M. Kobinger (1993), S. 61, 66 f. An der DTB werden DAX-Futures gehandelt; Nr. 2.1.3.1 (1) der Bedingungen für den Handel an der Deutschen Terminbörse; DTB (1990a ff.).

ändert sich zu Gleichung (3.10):

(3.10) $F = S(1 + r_B) - G^*$,

mit:

G^* = Endwert der Körperschaftsteuergutschriften, die
          bis zum Ende der Anlageperiode anfallen.

Hervorzuheben ist, daß die Ergebnisse aus Aktienindex-Futures unabhängig vom Indextyp steuerlich unerheblich sind. Die Gleichungsveränderungen für Vorteilhaftigkeitsüberlegungen mit Termingeschäften in Performanceindices gehen jedoch über den Rahmen der vorliegenden Arbeit hinaus.

c)   Zusammenfassung

Aus normativer Sicht sind die steuerlichen Vorschriften für Aktienindex-Futures nicht intersegmentneutral im weiteren Sinn (horizontale Betrachtung). Die Termingeschäfte werden nicht wie die ihnen zugrundeliegenden Referenzgüter besteuert. Gewinne und Verluste aus Aktienindex-Futures sind im Gegensatz zu Gewinnen und Verlusten aus Aktien, Zinseinkünften sowie Dividendeneinkünften steuerlich unbeachtlich. Daher sollten Anleger bei Geschäften mit solchen Finanzinstrumenten stets auf die Ergebnisse im Steuerfall achten und am Beginn der Anlageperiode steuerliche Vorteilhaftigkeitsüberlegungen mit Aktienindex-Futures anstellen.

Vergleicht man die bisher vorgestellten Anlagealternativen, bemerkt man, daß die Steuerterme je nach einer zuerst eingegangenen Plus- oder Minusposition und nach der Kursentwicklung übereinstimmen. Die folgende Tabelle 3.2 faßt zusammen, welche Gewinne und Verluste Anleger bei Anlageentscheidungen mit Aktienindex-Futures erzielen können, wenn sie am Beginn der Anlageperiode Aktien- index-Futures kaufen oder verkaufen. Es lassen sich allerdings vor dem Hintergrund der getroffenen Annahmen keine Anhaltspunkte für Steuerarbitrage erkennen, weil steuerlich bedingte Verluste möglich sind, wenn sich die Kurserwartungen der Anleger nicht erfüllen.

Tab. 3.2

Steuerterme bei Anlageentscheidungen mit Aktienindex-Fu- tures im Rahmen privater Vermögensverwaltung

Transaktionen mit Futures in t = 0[1)]	Aktienkurs in t = T	Steuerterm
Kauf Future	$S^* > F$	$(S^* - F)s_F$; A > 0
Verkauf Future	$S^* < F$	$(F - S^*)s_F$; A > 0
Kauf Future	$S^* < F$	$(S^* - F)s_F$; A < 0
Verkauf Future	$S^* > F$	$(F - S^*)s_F$; A < 0

Quelle: eigene Darstellung.

---

1) Die Transaktionen in t = 0 sind für den Einzelfall um die dazuge- hörige Kassapositionen zu ergänzen.

V. Gewinne und Verluste aus Aktienindexoptionen

1. Pluspositionen in Aktienindexkaufoptionen

a) Ausgleich der Position durch Ausübung oder durch Verfall

aa) Steuerrechtliche Einordnung

Kauft ein Anleger Aktienindexoptionen, wirken sich die Prämienzahlungen am Beginn der Anlageperiode steuerlich nicht aus.[1] Liegt der Wert des Indexportefeuilles am Verfalltag über dem Basispreis der Optionen, übt der Optionsinhaber aus. Der Stillhalter zahlt eine Ausgleichszahlung in Höhe der Differenz zwischen dem Wert des Indexportefeuilles am Ende der Anlageperiode und dem Basispreis.

Angelehnt an die Besteuerung von Futures könnte man vorschlagen, den Kauf und die Barabrechnung von Aktienindexoptionen zivilrechtlich als ein Spiel i.S.d. § 762 Abs. 1 BGB einzuordnen. Danach würde man vermuten, daß dem Optionsgeschäft ein Vertrag zugrunde liegt, der eine Anschaffung und Veräußerung von Wirtschaftsgütern nicht beinhaltet. Die steuerliche Einordnung von Aktienindex-Futures kann man bei näherem Hinsehen jedoch nicht auf Aktienindexoptionen übertragen. Ein anderer Ansatz scheint plausibler.

---

1) H. Häuselmann u. T. Wiesenbart (1990b), S. 38; P. Scharpf (1991), S. 45 f.

Ein steuerpflichtiger Spekulationsgewinn liegt innerhalb der Sechsmonatsfrist vor, wenn ein erzielter Überschuß das Ergebnis von
Leistungsaustauschverträgen über Wirtschaftsgüter ist.[1] Kauft
ein Anleger Aktienindexoptionen, erwirbt er immaterielle Wirtschaftsgüter.[2] Der Vertrag über den Kauf von Kaufoptionen ist
durch Einräumung der Optionsrechte und durch Zahlung des Op-
tionsentgelts erfüllt. Die Zuordnung zu einem Spekulationsgeschäft
scheitert bei Optionen, die am Ende der Anlageperiode bar ausgeglichen werden, allerdings daran, daß die zuvor angeschafften Wirtschaftsgüter nicht veräußert werden.[3]

Man kann in einem weiteren Schritt untersuchen, ob die Ausgleichszahlung den sonstigen Einkünften nach § 22 Nr. 3 EStG
zuzuordnen ist. Bei Aktienindexoptionen, die bar ausgeglichen werden, kann man unter Berufung auf die bisherige höchstrichterliche
Rechtsprechung davon ausgehen, daß Erträge aus der Ausübung

---

1) BFH-Urteil v. 28. November 1990, S. 301; FG Baden-Württemberg, Urteil v. 11. Februar 1993, rkr., S. 583.

2) Unumstritten dürfte sein, daß Optionen selbständig bewertbare
immaterielle Wirtschaftsgüter sind; siehe beispielsweise FG Hamburg, Urteil v. 11. Mai 1984, n. rkr., S. 21; J. Jung u. U. Redanz
(1993a), S. 71 f.; FG Baden-Württemberg, Urteil v. 11. Februar
1993, rkr., S. 583; H. Weber-Grellet (1994), Anm. 31 zu § 5
EStG, "Finanzprodukte".

3) Vgl. BMF-Schreiben v. 10. November 1994, S. 818. Es sei denn,
man sieht den Barausgleich als eine Art technisch bedingten "fiktiven Verkauf" am Ende der Anlageperiode an, was bisher noch
keiner finanzrichterlichen Prüfung standhalten mußte.

mangels entgeltlichem Leistungsaustausch nicht steuerbar sind.[1]
Eine Zuordnung als sonstige Einkünfte i.S.d. § 22 Nr. 3 EStG würde möglicherweise zu einem unsinnigen ökonomischen Ergebnis führen, weil der BFH in seinem Urteil vom 28. November 1990 jedes Optionsgeschäft getrennt betrachtet (Trennungstheorie).[2] Die gezahlten Prämien wären steuerlich nichtabziehbar, weil der BFH sie nicht als Werbungskosten akzeptiert.

Es bleibt zu prüfen, ob der Barausgleich ein Kapitalertrag nach § 20 Abs. 1 Nr. 7 EStG ist.[3] Ein Stillhalter vereinnahmt die Prämien endgültig. Es besteht kein Anspruch auf eine Rückzahlung. Daraus folgt spiegelbildlich, daß die Prämien beim Optionsinhaber endgültig abgeflossen sind. In der Zahlung der Optionsprämien ist daher keine Kapitalüberlassung auf Zeit zu sehen. Deshalb ist der Barausgleich kein Kapitalertrag nach § 20 Abs. 1 Nr. 7 EStG.[4] Das

---

1) J. Jung (1991b), S. 14; R. Hamacher (1993), S. 19; vgl. Abschnitt A. IV. 1. des dritten Teils.

2) BFH-Urteil v. 28. November 1990, S. 300.

3) Vgl. Abschnitt A. IV. 1. des dritten Teils.

4) Vgl. G. Stuhrmann (1991 ff.), Anm. 293 zu § 20 EStG; R. Hamacher (1993), S. 19; J. Dahm u. R. Hamacher (1994), S. 14; F. E. Harenberg u. G. Irmer (1994), S. 8969. Ob man dieses steuerliche Ergebnis auf Eigenneuaktienoptionsscheine übertragen kann, scheint fraglich. Bei der emittierenden Gesellschaft erhöhen die Erlöse aus dem Verkauf der Optionsscheine die Kapitalrücklage nach § 272 Abs. 2 Nr. 2 HGB. Ist ein Barausgleich vereinbart, zahlt der Emittent bei Ausübung einen Betrag, der sich aus der Differenz zwischen dem Basispreis und dem Kurs des Basiswerts
(Fortsetzung...)

leuchtet ein, wenn man bedenkt, daß ein Versicherungsnehmer eine Zahlung im Schadensfall auch nicht als Nutzungsentgelt für eine Kapitalüberlassung ansieht.

Im Ergebnis fließt die Ausgleichszahlung steuerfrei zu. Die gezahlten Prämien sind einkommensteuerlich unbeachtlich.[1] Bei kreditfinanzierten Optionen können Schuldzinsen nicht als Werbungskosten anerkannt werden, weil keine steuerpflichtigen Einkünfte vorliegen.

Liegt der Wert des Indexportefeuilles am Ausübungstag unter dem Basispreis, haben die Kaufoptionen einen Wert von null. Die Optionen verfallen. Es stellt sich die Frage, wie die gezahlten Prämien steuerlich eingeordnet werden. Der Anleger kann die gezahlten Prämien vermutlich steuerlich nicht geltend machen.[2] Man kann sie nicht als "erfolglose" Werbungskosten eines geplanten Spekulationsgeschäftes ansehen, das sich nach der Ausübung der Optionen ergeben könnte, wenn die Basiswerte innerhalb der Spekulationsfrist veräußert worden wären. Erfolglose Werbungskosten sind Spe-

---

4)(...Fortsetzung)
am Ende der Anlageperiode ergibt; H. Schmidt u. D. Elsner (1994), S. 258 f., 271. Man könnte vermuten, daß der Anleger dem Unternehmen Kapitalvermögen zur Nutzung überlassen hat, und daß es sich bei der Ausgleichszahlung um ein Entgelt für die Nutzung handelt, dessen Höhe von einem ungewissen Ereignis abhängt.

1)   Vgl. H. Häuselmann u. T. Wiesenbart (1990c), S. 7272; J. Baumann (1992), S. 324.

2)   BMF-Schreiben v. 10. November 1994, S. 817.

kulationsverluste i.S.d. § 23 Abs. 4 Satz 1 EStG.[1] Bei der Ausübung von Aktienindexoptionen kommt es immer zu einem Barausgleich. Es werden keine Aktien geliefert, so daß ein anschließendes
steuerpflichtiges Spekulationsgeschäft in Aktien gar nicht in Frage
kommt.[2]

Gegen diese Sicht könnte man einwenden, daß der Kauf von Kaufoptionen den Kauf und anschließenden Verkauf eines Indexportefeuilles vorbereitet und günstige Aktienkurse für den Fall eines
Kursanstiegs durch den Barausgleich antizipativ gesichert werden
sollen. Steuerlich könnte man die Optionsprämien als Werbungskosten dann möglicherweise berücksichtigen. Der Anleger muß glaub-
haft machen, daß das Geschäft tatsächlich mit einem anschließenden steuerpflichtigen Spekulationsgeschäft zusammenhängt.[3]
Soweit ersichtlich ist, mußte sich der Vorschlag noch nicht einer
finanzrichterlichen Prüfung unterziehen.[4]

---

1) D. Rönitz (1980), S. 56 f.; C. T. Ebenroth u. D. Einsele (1988), S.
218; H. Häuselmann u. T. Wiesenbart (1990b), S. 39 f.; R. Jansen (1992 ff.), Anm. 250 zu § 23 EStG.

2) Analog zur steuerlichen Einordnung von DTB-Optionen in vinkulierten Namensaktien; H. Häuselmann u. T. Wiesenbart (1990b),
S. 42; dies. (1990c), S. 7272. Nach Nr. 2.2.1.2. (1) Satz 2 der
DTB-Handelsbedingungen werden Optionen in vinkulierten Namensaktien bar ausgeglichen; DTB (1990a ff.).

3) Vgl. A. Aatz (1974), S. 880; P. Scharpf (1991), S. 50.

4) Man könnte auch den Verfall von Optionen als eine Art technisch
bedingten "fiktiven Verkauf" ansehen. Nach einem FG-Urteil fehlt
(Fortsetzung...)

Die steuerfreie Vereinnahmung des Barausgleichs und die Nicht-abziehbarkeit der gezahlten Optionsprämien liefern Anhaltspunkte für Vorteilhaftigkeitsüberlegungen mit zuerst gekauften Aktien-indexkaufoptionen, die der folgende Abschnitt vorstellt.

ab)   Steuerliche Auswirkungen auf die Anlageentscheidung

Die nichtsteuerlichen Annahmen der Steuermodelle gelten weiter, wenn im folgenden steuerliche Auswirkungen auf den Kauf von Ak-tienindexkaufoptionen untersucht werden.[1] Die steuerlichen Vor-schriften für Anleger im Rahmen privater Vermögensverwaltung werden in die Modelle integriert.[2] Zu beachten ist wie bei der

---

4)(...Fortsetzung)
es aber beim Verfall der Optionen an einer Veräußerung i.S.d. § 23 Abs. 1 Satz 1 Nr. 1 b) EStG; FG Köln, Urteil v. 7. April 1987, n. rkr., S. 509. Der Anleger sollte erwägen, unmittelbar vor dem Verfall die Optionen zu veräußern, um möglicherweise steuerlich relevante Spekulationsverluste geltend zu machen. Dann fallen Transaktionskosten an, von denen die Marktorganisatoren profitie-ren. Ein Terminmarktorganisator könnte also daran interessiert sein, daß der Verfall von Optionen steuerlich nachteilig ist.

1)   Obgleich auch bei Geschäften mit Aktienindexoptionen implizite Steuern in der Realität eine Rolle spielen können, sollen sie ein-fachheitshalber außer acht bleiben. Das ist wie bei der Analyse der Besteuerung von Aktienindex-Futures gerechtfertigt, weil in der vorliegenden Untersuchung Antworten auf steuerliche Fragen ge-sucht werden.

2)   Vorteilhaftigkeitsüberlegungen mit Optionen in Performanceindices wären analog Abschnitt A. IV. 2. b) des dritten Teils zu modifizie-ren.

Analyse steuerlicher Auswirkungen auf die Anlageentscheidung mit Aktienindex-Futures, daß eine Anlageperiode nicht länger als sechs Monate ist. Gewinne und Verluste aus Aktien sind also steuerlich immer relevant.

Erwartet ein Anleger steigende Aktienkurse, kann er arbitrageähnliche steuerliche Vorteilhaftigkeitsüberlegungen umsetzen. Wegen der steuerfreien Vereinnahmung des Barausgleichs zieht der Anleger die Anlagealternative IV (Aktienindexkaufoption) der Anlagealternative I (Aktien) vor.

Die folgende Tabelle 3.3 informiert darüber, welche Zahlungsströme sich am Beginn und am Ende der Anlageperiode ergeben, wenn sich die Kursprognose des Anlegers erfüllt ($S^* > E$), und wenn sie sich nicht erfüllt ($S^* < E$). Die Tabelle 3.3 ist eine Variante der Tabelle 1.5, die gegenüberstellte, daß Anleger im ökonomischen Steuermodell zwischen den beiden Anlagealternativen indifferent sind. Die Differenz zwischen der Anlagealternative IV und der Anlagealternative I zeigt, in welcher Höhe die Anlagealternative IV vorteilhafter oder nachteiliger als die Anlagealternative I ist.

Tab. 3.3

Zahlungsströme nach Steuern bei einer Plusposition in Aktienindexkaufoptionen und entsprechenden Kassapositionen im
Rahmen privater Vermögensverwaltung

Zeitpunkt \ Komponente	t = 0	t = T $S^* > E$	t = T $S^* < E$
(I) Aktien *Kauf in t = 0*	$h(-S)$	$hS^* - h(S^* - S)s_S$	$hS^* - h(S^* - S)s_S$
(I) Dividenden	-	$D^*(1 - s_D)$	$D^*(1 - s_D)$
(IV) Kaufoption *Kauf in t = 0*	$-C_e$	$S^* - E$	-
(IV) Anleihe *Kauf in t = 0*	$-B$	$B[1 + r_B(1 - s_B)]$	$B[1 + r_B(1 - s_B)]$
Differenz zw. I u. IV	0	$A = (S^* - E - C_e)s_O;$ [1] $A > 0$	$A = -C_e s_O;$ $A < 0$

Quelle: eigene Darstellung.

---

1) Für t = T und $S^* > E$ gilt: Wegen $s_B = s_D = s_O = s_S$ gilt: $D^*(1 - s_D) = (S^* - E - C_e)(1 - s_D) + B \times r_B(1 - s_D) - h(S^* - S)(1 - s_D)$. Mit $(S^* - E - C_e) - (S^* - E - C_e)(1 - s_O) = (S^* - E - C_e)s_O$ kann man den Steuerterm auch errechnen. Für t = T und S* < E gilt: Wegen $s_B = s_D = s_O = s_S$ gilt: $D^*(1 - s_D) = -C_e(1 - s_D) + B \times r_B(1 - s_D) - h(S^* - S)(1 - s_D)$. Man kann den Steuerterm auch mit $-C_e + [C_e(1 - s_O)] = -C_e s_O$ errechnen.

Sind die Aktienkurse bis zum Ende der Anlageperiode gestiegen, ist die Optionsalternative wegen der steuerfreien Vereinnahmung des Barausgleichs vorteilhafter. Dieser Steuervorteil verringert sich, weil die Prämie für den Kauf der Kaufoption nicht abziehbar sind. Sind die Aktienkurse bis zum Ende der Anlageperiode gefallen, sind Optionen nachteiliger als Aktien, weil die gezahlten Prämien nicht die steuerliche Bemessungsgrundlage reduzieren.[1]

Das Prinzip dieser ausgleichsarbitrageähnlichen steuerlichen Vorteilhaftigkeitsüberlegung mit zuerst gekauften Aktienindexkaufoptionen läßt sich auf zwei weitere Fälle übertragen. Im ersten Fall handelt es sich um die Nachbildung einer Zinszahlung des Schuldners für einen aufgenommenen Kredit. Im zweiten Fall lassen sich Dividendeneinkünfte nachbilden.

Bei einer Prognose steigender Aktienkurse zieht der Anleger den Kauf einer Kaufoption, den Verkauf von Aktien und eine Kompensationszahlung an den Darlehensgeber der direkten Kreditaufnahme vor. Daraus kann sich ein Steuervorteil ergeben.

Die linke Seite der Gleichung (3.11) informiert über die Zinszahlung, die ein Schuldner leistet, wenn er einfach einen Kredit aufnimmt.

---

1) Bei den steuerlichen Vorteilhaftigkeitsüberlegungen mit Optionen handelt es sich nicht um Steuerarbitrage, weil man am Beginn der Anlageperiode Verluste nicht ausschließen kann. Es liegen statt dessen arbitrageähnliche steuerliche Vorteilhaftigkeitsüberlegungen vor. Hervorzuheben ist, daß es sich bei s_0 um den Steuersatz handelt, den man ansetzen müßte, wenn Gewinne und Verluste aus Optionen steuerbar wären. Es sei daran erinnert, daß die Annahme $s_B = s_D = s_F = s_0 = s_S$ gilt.

Die rechte Seite der Gleichung (3.11) zeigt die Ergebnisse der Nachbildung.[1]

(3.11) $- B \times r_B(1 - s_B)$
$= S^* - E - C_e - h(S^* - S)(1 - s_S) - D^*(1 - s_D) - A.$

Bei gestiegenen Aktienkursen läßt sich A mit

(3.12) $A = (S^* - E - C_e)s_O$

ermitteln. Der Vorteil der Nachbildung ergibt sich, weil die Ausgleichszahlung und die gezahlte Prämie nach deutschem Recht nicht besteuert werden.

Sind die Aktienkurse gefallen, verändert sich Gleichung (3.11) zu Gleichung (3.13):

(3.13) $- B \times r_B(1 - s_B)$
$= - C_e - h(S^* - S)(1 - s_S) - D^*(1 - s_D) - A.$

Die rechte Seite der Gleichung (3.13) unterscheidet sich von der rechten Seite der Gleichung (3.11), weil die Kaufoption am Ende der Anlageperiode verfällt.

---

1) Wie bei den Vorteilhaftigkeitsüberlegungen mit Aktienindex-Futures muß man annehmen, daß der aufgenommene Kredit mit einem steuerpflichtigen Spekulationsgeschäft oder einer Anlage in bonitätsrisikofreien Titeln zusammenhängt, damit die Kreditzinsen als Werbungskosten die steuerliche Bemessungsgrundlage reduzieren.

Der nachgebildete komplizierte Kredit mit der Kaufoption ist im Vergleich zum einfachen Kredit nachteilig, wenn die Aktienkurse gefallen sind, und zwar um

$$(3.14) \qquad A = - C_e s_0.$$

Das ergibt sich aus der Annahme, daß die gezahlte Optionsprämie aus ökonomischer Sicht die steuerliche Bemessungsgrundlage reduzieren sollte.

Ein Anleger kann bei steigenden Aktienkursen auch Dividendeneinkünfte mit einem Steuervorteil nachbilden und die Kapitalertragbesteuerung vermeiden.[1] Dazu kauft der Anleger eine Kaufoption, verkauft Aktien und legt die frei zur Verfügung stehenden finanziellen Mittel in bonitätsrisikofreien Finanztiteln an. Über die Ergebnisse am Ende der Anlageperiode informiert Gleichung (3.15):

$$(3.15) \qquad D^*(1 - s_D) + A$$
$$= S^* - E - C_e - h(S^* - S)(1 - s_S) + B \times r_B(1 - s_B).$$

Mit der rechten Seite der Gleichung (3.15) lassen sich die nachgebildeten Dividendeneinkünfte am Ende der Anlageperiode ermitteln. Der Anleger hat zinsabschlagsteuerpflichtige Zinseinkünfte. Er erzielt jedoch bei steigenden Aktienkursen steuerfreie Gewinne aus Aktienindexoptionen. Die nachgebildete Dividende ist um A höher als die aus dem Indexportefeuille bezogene Dividende, und zwar in

---

1)   Vgl. Abschnitt A. IV. 2. b) des dritten Teils.

Höhe von

$$(3.12) \qquad A = (S^* - E - C_e)s_O.$$

Es ist allerdings zu beachten, daß A auch negativ werden kann. Die Nachbildung von Dividendeneinkünften ist nämlich nachteilig, wenn die Aktienkurse gefallen sind. Die rechte Seite der Gleichung (3.15) verändert sich. Das macht Gleichung (3.16) deutlich:

$$(3.16) \qquad D^*(1 - s_D) + A$$
$$= -C_e - h(S^* - S)(1 - s_S) + B \times r_B(1 - s_B).$$

Der Nachteil aus der Nachbildung läßt sich mit Gleichung (3.14) ermitteln:

$$(3.14) \qquad A = -C_e s_O.$$

Erwartet ein Anleger steigende Aktienkurse, kann er auch differenzarbitrageähnliche steuerliche Vorteilhaftigkeitsüberlegungen mit dem Kauf einer Kaufoption, dem Verkauf von Aktien und der Anlage des nach Zahlung der Optionsprämien verbleibenden Verkaufserlöses in bonitätsrisikofreien Titeln umsetzen. Bei gestiegenen Aktienkursen läßt sich daraus ein Steuervorteil erzielen. Die rechte Seite der Gleichung (3.17) zeigt, wie sich dann der Term A ermitteln läßt:

$$(3.17) \qquad A = S^* - E - C_e - h(S^* - S)(1 - s_S) - D^*(1 - s_D)$$
$$+ B \times r_B(1 - s_B).$$

Einfacher läßt sich der Steuervorteil mit

$$(3.12) \qquad A = (S^* - E - C_e)s_O$$

errechnen.

Sind die Aktienkurse gefallen, erscheinen die Vorteilhaftigkeitsüberlegungen in einem anderen Licht. Der Anleger erzielt einen Steuernachteil. Der Steuernachteil beträgt nach Gleichung

$$(3.18) \qquad A = - C_e - h(S^* - S)(1 - s_S) - D^*(1 - s_D)$$
$$+ B \times r_B(1 - s_B).$$

Kürzer läßt sich der Steuerterm A mit der Gleichung

$$(3.14) \qquad A = - C_e s_O$$

ermitteln.

Es ist erkennbar, daß bei den steuerlichen Vorteilhaftigkeitsüberlegungen mit einer Plusposition in Aktienindexkaufoptionen die Steuerterme bei gestiegenen (Steuervorteil) oder bei gefallenen (Steuernachteil) Aktienkursen übereinstimmen. Bei gestiegenen Aktienkursen läßt sich der Steuerterm mit Gleichung (3.12) ermitteln. Sind die Aktienkurse bis zum Ende der Anlageperiode gefallen, kann man den Steuerterm mit Gleichung (3.14) errechnen. Die folgende Tabelle 3.4 stellt die Steuerterme gegenüber:

Tab. 3.4 <u>Steuerterme bei Anlageentscheidungen mit einer Plus-position in Aktienindexkaufoptionen im Rahmen priva-ter Vermögensverwaltung</u>

Aktienkurs in t = T	Steuerterm
$S^* > E$	$(S^* - E - C_e)s_O$; $A > 0$
$S^* < E$	$- C_e s_O$; $A < 0$

Quelle: eigene Darstellung.

b) <u>Glattstellung durch eine Minusposition</u>

Ein Anleger kann eine Plusposition in Aktienindexkaufoptionen vor dem Verfalltag durch eine Minusposition in Optionen gleicher Serie glattstellen. Man könnte vermuten, daß die zuvor angeschafften immateriellen Wirtschaftsgüter veräußert werden. Innerhalb der Spekulationsfrist liegt dann ein steuerpflichtiges Spekulationsge-schäft vor.

Nach dem jüngeren rechtskräftigen Urteil des Finanzgerichts Baden-

Württemberg,[1] das zu Aktienoptionen ergangen ist, handelt es sich beim Kauf und Verkauf von Optionen nicht um Scheingeschäfte im Sinn verdeckt getroffener Vereinbarungen über den Ausgleich von Preisdifferenzen. Es komme nicht auf die "bloße" Absicht des Optionsinhabers an, mit Kursdifferenzen zu spekulieren, sondern auf den Schuldinhalt der Verträge. Die Frage, ob zivilrechtlich möglicherweise verdeckte Differenzgeschäfte vorliegen, sei steuerlich unbedeutend. Entscheidend sei, daß Anleger Wirtschaftsgüter anschaffen und veräußern.

Nach Wortlaut und Sinn des § 23 Abs. 1 Satz 1 Nr. 1 EStG müssen die veräußerten mit den angeschafften Wirtschaftsgütern übereinstimmen. Eine Identität im wirtschaftlichen Sinn reiche dazu jedoch aus.[2] Diese Identitätsanforderung sei beim Eingehen einer entgegengesetzten Position in Optionen gleicher Serie erfüllt. Es spiele keine Rolle, wie die Veräußerung technisch erfolgte.[3]

Folglich ist die Differenz zwischen gezahlten und vereinnahmten Prämien innerhalb der Sechsmonatsfrist steuerpflichtig nach § 23

---

1) FG Baden-Württemberg, Urteil v. 11. Februar 1993, rkr., S. 583 f.

2) R. Jansen (1992 ff.), Anm. 120 zu § 23 EStG; FG Baden-Württemberg, Urteil v. 11. Februar 1993, rkr., S. 583.

3) FG Baden-Württemberg, Urteil v. 11. Februar 1993, rkr., S. 583; a.A. R. Hamacher (1990b), S. 1444; J. Jung (1992), S. 8202; vgl. die Übersicht bei J. Jung u. U. Redanz (1993a), S. 73-75.

Abs. 1 Satz 1 Nr. 1 b) EStG, weil Anleger immaterielle Wirtschaftsgüter anschaffen und veräußern.[1]

c)   Zusammenfassung

Zur Besteuerung von Pluspositionen in Aktienindexkaufoptionen
ergibt sich folgendes Bild. Die Besteuerung bei Ausübung und bei
Verfall ist nicht intersegmentneutral im weiteren Sinn (horizontale
Betrachtung). Optionen werden de lege lata nicht wie die Referenzgüteralternativen besteuert. Der Barausgleich fließt steuerfrei
zu. Allerdings kann man Prämienausgaben steuerlich nicht abziehen. Daran lassen sich ausgleichs- und differenzarbitrageähnliche
steuerliche Vorteilhaftigkeitsüberlegungen anknüpfen. Anhaltspunkte für Steuerarbitrage sind nicht erkennbar.

Werden Optionen vor dem Verfalltag durch eine entgegengesetzte
Position glattgestellt, kann man die Vorschriften als intersegmentneutral im weiteren Sinn (horizontale Betrachtung) bezeichnen. Die
jüngere Finanzrechtsprechung geht davon aus, daß Anleger zuvor
angeschaffte immaterielle Wirtschaftsgüter veräußern. Ausdrücklich
spielt es keine Rolle, wie die Veräußerung technisch erfolgt. Inner-

---

1)   Vgl. BMF-Schreiben v. 10. November 1994, S. 818. Die DTB hatte sich rechtzeitig darauf eingestellt; vgl. o.Verf. (1992), S. 17.
Die Laufzeit von DTB-Aktienindexoptionen kann nach einer Änderung der Kontraktspezifikationen bis zu neun Monaten und sechs
Tagen betragen. Anleger können Spekulationsgewinne außerhalb
der Spekulationsfrist steuerfrei erzielen; siehe Nr. 2.2.2.5 (1) DTB-
Handelsbedingungen; DTB (1990a ff.); J. Franke (1991), S. 11.
Vor diesem Hintergrund kann man die Überlegungen zu verlänger-
ten Laufzeiten bei Aktienindexoptionen auf ein bis zwei Jahre
sehen; o.Verf. (1993b).

halb der Sechsmonatsfrist liegen steuerpflichtige Spekulationsgeschäfte vor.

2. Minuspositionen in Aktienindexkaufoptionen

a) Ausgleich der Position durch Verfall oder durch Ausübung

aa) Steuerrechtliche Einordnung

Es ist weitgehend gesichert, vereinnahmte Prämien den sonstigen
Einkünften aus Leistungen i.S.d. § 22 Nr. 3 EStG zuzuordnen. Die
Leistung des Stillhalters kann darin gesehen werden, daß er eine
Verpflichtung gegenüber dem Käufer der Optionen eingeht. Die
Prämien sind eine Vergütung für das Risiko aus der Bindung an den
Vertrag mit dem Optionsinhaber. Sie sind bei Zufluß unabhängig
von der Laufzeit der Optionen steuerlich relevant. [1]

Den Spitzenverbänden der deutschen Kreditwirtschaft zufolge geht
ein Stillhalter an der DTB allerdings kein Risiko ein, da er sich durch
ein gegenläufiges Geschäft jederzeit aus seiner vertraglichen Bindung lösen könne. Vereinnahmte Prämien seien daher kein Entgelt

---

[1]   A. Aatz (1974), S. 880-882; BFH-Urteile v. 28. November 1984,
       S. 264 f.; v. 28. November 1990, S. 300 f., 304; R.-D. Scholtz
       (1991); BMF-Schreiben v. 10. November 1994, S. 817; J. Jung
       (1994), S. 82. Einkünfte i.S.d. § 22 Nr. 3 EStG sind nicht steuer-
       pflichtig, wenn sie weniger als DM 500 im Kalenderjahr betragen
       (Freigrenze); § 22 Nr. 3 Satz 2 EStG.

für das Risiko aus einer übernommenen Bindung. Eine Leistung im Sinn des § 22 Nr. 3 EStG liege nicht vor.[1]

Es scheint dabei übersehen worden zu sein, daß ein Stillhalter auch beim Optionshandel auf dem Parkett eine bestehende Position aus ökonomischer Sicht ausgleichen kann.[2] Er kann zum Ausgleich einer zuerst eingegangenen Minusposition Optionen gleicher Serie erwerben. Beide Einzelpositionen bleiben allerdings bis zum Verfalltag der Optionen offen. Sie werden nicht gegeneinander aufgerechnet, wie das beim DTB-Handel der Fall ist. Der Stillhalter verliert bei einem Optionsgeschäft auf dem Parkett seine vertragliche Bindung nicht vor dem Verfalltag. Übt der Optionsinhaber vor dem Verfalltag aus, kann der Stillhalter selbst die zum Positionsausgleich erworbenen Optionen gleicher Serie ausüben. Er kann sich also auch mit dem Kauf von Optionen gleicher Serie ökonomisch vor dem Verfalltag glattstellen. Prämieneinnahmen aus solchen Optionsgeschäften sind de lege lata steuerpflichtig.

Möglicherweise sucht ein Anleger beim Parketthandel länger nach einem Kontrahenten als beim DTB-Handel. Darüber hinaus ist aber zu bedenken, daß der Marketmaker-Handel an der DTB nicht gewährleistet, daß sich die Preisvorstellungen bei limitierten Aufträ-

---

1) R. Hamacher (1990b), S. 1441 f. Die in der Literatur vorgetragenen Ansätze zur Besteuerung von DTB-Optionen kann man mutatis mutandis auf andere Marktsegmente übertragen, in denen Aktienindexoptionen gehandelt werden.

2) Zum Optionshandel auf dem Parkett siehe K. J. Hartung (1989).

gen jederzeit umsetzen lassen.[1] Für die Besteuerung ist entscheidend, daß der Anleger mit zuerst verkauften Optionen unabhängig vom Terminmarktsegment eine Stillhalterposition eingeht und dafür eine Gegenleistung erhält. Insofern sind Zweifel angebracht, wegen eines anderen Handelsverfahrens und eines anderen Glattstellungsprozedere zu einer abweichenden steuerlichen Beurteilung vereinnahmter Optionsprämien zu gelangen.[2] Es ist ökonomisch nicht vertretbar, den Optionshandel auf dem Parkett gegenüber dem DTB-Handel steuerlich zu benachteiligen.

Die Spitzenverbände der deutschen Kreditwirtschaft betonen in einer weiteren Eingabe an den Bundesminister der Finanzen,[3] daß es für die Besteuerung erforderlich sei, über die Optionsprämien sofort verfügen zu können. Es ist daher angebracht, einen Blick auf die Usancen zur Prämienverrechnung zu werfen. Danach zahlt ein Käufer von Aktienindexoptionen an der DTB die Prämien an den

---

1) Zur Verpflichtung der Marketmaker an der DTB, während der Börsenzeit nach einer Anfrage unverzüglich verbindliche Geld- und Briefkurse für angefragte Optionsserien einzugeben, siehe J. Franke u. C. Imo (1990), S. 105 f.; H. Schmidt (1991a), S. 12 f., 16-18; C. H. Daube (1993), S. 121 f.

2) Die Verbände modifizieren ihre Auffassung in einer weiteren Untersuchung und deuten auch auf mögliche Kursverluste eines Stillhalters an der DTB hin; R. Hamacher (1991), S. 1663. Sie scheinen daraus jedoch nicht abzuleiten, daß ein Stillhalter eine offene risikobehaftete Position hat, die auf einer vertraglichen Bindung gegenüber dem Optionsinhaber beruht.

3) Spitzenverbände der deutschen Kreditwirtschaft (1991), S. 12 f.

Verkäufer an dem Börsentag, der dem Kauftag folgt.[1] Der Verkäufer erhält auf seinem Verrechnungskonto eine Gutschrift in Höhe der vereinbarten Prämien, über die verfügen kann.[2] Ein steuerbarer Zufluß liegt danach vor. Das ergibt sich aus dem Zufluß- und Abflußprinzip des § 11 EStG.

Die Verbände leiten aus Ziffer 3 Abs. 6 der Sonderbedingungen für Börsentermingeschäfte ab,[3] daß ein Stillhalter von Indexoptionen nur mit Zustimmung seiner Bank über die Prämien verfügen könne. Daher erfolge nach Abschluß des Optionsgeschäftes kein steuerbarer Zufluß der Prämien. Das überrascht, wenn man bedenkt, daß sich Ziffer 3 Abs. 6 der Sonderbedingungen für Börsenterminge-

---

1)   Nr. 2.2.2.2 DTB-Clearing-Bedingungen; DTB (1990b ff.).

2)   Bankpraktiker bestätigten gegenüber dem Verfasser ein solches Vorgehen bei ihrer Privatkundschaft.

3)   Sonderbedingungen für Börsentermingeschäfte (1990). Ziffer 3 Abs. 6 lautet:

     "Zwischenzeitliche Gutschriften oder Belastungen bei laufenden Börsentermingeschäften

     Ergeben sich aus der täglichen Bewertung von Börsentermingeschäften vor der endgültigen Abwicklung oder Glattstellung dieser Geschäfte vorläufige Gewinne oder Verluste, so wird die Bank dem Kunden - gegebenenfalls auf einem gesonderten Konto - entsprechend Gutschrift erteilen oder ihn belasten. Über diese Gutschrift kann der Kunde nur mit Zustimmung der Bank verfügen. Die Bank ist berechtigt, zum Ausgleich derartiger Belastungsbuchungen das laufende Konto des Kunden zu belasten, auch wenn hierdurch Kredit in Anspruch genommen wird. Die Bank wird den Kunden in regelmäßigen Abständen über die Buchungen unterrichten."

schäfte und die Kommentierung[1] nur auf die zwischenzeitlichen Gutschriften oder Belastungen von Termingeschäften vor der endgültigen Abwicklung oder Glattstellung der Geschäfte beziehen. Über diese Gutschriften können die Anleger tatsächlich nur mit Zustimmung ihrer Kreditinstitute verfügen. Bei Aktienindexoptionen erfolgt eine Prämienzahlung jedoch schon am Beginn der Anlageperiode anstelle von Zahlungen nach dem Future-Style-Prämienverfahren. Deshalb überzeugt die Argumentation der Spitzenverbände der deutschen Kreditwirtschaft bei der Besteuerung zuerst verkaufter Aktienindexoptionen nicht.[2]

Ein weiterer Besteuerungsvorschlag kommt von Rüskamp.[3] Rüskamp sieht im Eingehen einer Stillhalterposition einen Veräußerungsvorgang oder zumindest einen veräußerungsähnlichen Vorgang: Ein Verkauf von Optionen sei steuerlich als Verkauf immaterieller Wirtschaftsgüter zu beurteilen. Die Wirtschaftsgüter schieden

---

1)   S. Kümpel (1991), S. 16-21.

2)   Diese Beurteilung könnte möglicherweise bei den Optionen in einem anderen Licht erscheinen, bei denen anstelle einer Zahlung am Beginn der Anlageperiode ein täglicher Gewinn- und Verlustausgleich erfolgt; DTB (1993), S. 15-25. Können Anleger sofort über Gutschriften aus den täglichen Ausgleichszahlungen verfügen, ist von einem steuerbaren Zufluß auszugehen. Anderenfalls entsteht solange keine Steuerpflicht, bis die Anleger nicht endgültig die wirtschaftliche Verfügungsmacht über die Einkünfte erlangen; vgl. J. Jung (1991b), S. 14.

3)   D. Rüskamp (1991), S. 1245 f.

aus dem Vermögen des Anlegers aus. § 22 Nr. 3 EStG erfasse Veräußerungsvorgänge im Vermögensbereich nicht. Sonstige Einkünfte
nach § 22 Nr. 3 EStG lägen also nicht vor.

Daran schließt sich die Frage an, ob möglicherweise ein steuerpflichtiges Spekulationsgeschäft vorliegt, bei dem die Veräußerung
immaterieller Wirtschaftsgüter vor ihrem Erwerb i.S.d. § 23 Abs. 1
Satz 1 Nr. 2 EStG erfolgt.[1] Bei einem Verfall erwirbt ein Anleger
am Ende der Anlageperiode allerdings keine Wirtschaftsgüter.[2] Es
liegt daher kein steuerpflichtiges Spekulationsgeschäft vor. Im Ergebnis kann man Rüskamp zufolge die Prämien steuerfrei vereinnahmen.

Die Vorschläge zur steuerfreien Vereinnahmung von Stillhalterprämien mußten noch nicht einer finanzrichterlichen Prüfung standhalten. Man kann trotzdem steuerliche Vorteilhaftigkeitsüberlegungen
entwickeln, weil nicht auszuschließen ist, daß sich zukünftige Vor-

---

1) A.A. zu Optionsgeschäften auf dem Parkett ist der BFH, Urteile v.
28. November 1984, S. 265; v. 28. November 1990, S. 303. Die
Geschäfte lägen in der steuerbaren Nutzungssphäre und nicht auf
der nichtsteuerbaren Vermögensebene. Optionen seien nicht schon
beim Stillhalter selbständige und übertragbare Wirtschaftsgüter.

2) Es sei denn, man ordnet den Verfall verkaufter Optionen als eine
Art technisch bedingten "fiktiven Erwerb" dieses immateriellen
Wirtschaftsgutes am Ende der Anlageperiode ein. Dann liegt ein
steuerpflichtiges Spekulationsgeschäft i.S.d. § 23 Abs. 1 Satz 1
Nr. 2 EStG vor.

schriften zum Beispiel an den Eingaben der Banken orientieren werden.[1]

Bevor die Arbeit steuerliche Strategien mit zuerst verkauften Optionen aufzeigt, die am Ende der Anlageperiode verfallen, ist zu klären, ob bei gestiegenen Aktienkursen die vom Stillhalter zu leistende Differenzzahlung bei den vereinnahmten Prämien als Werbungskosten abziehbar ist.[2] Sind Stillhaltereinkünfte steuerpflichtig nach § 22 Nr. 3 EStG, reduziert die Ausgleichszahlung nicht die steuerliche Bemessungsgrundlage. Es liegen Vermögensverluste vor, die keine Werbungskosten sind,[3] was das BFH-Urteil vom 28. No-

---

1) Es sollte deutlich geworden sein, daß Banken ein vitales Interesse an steuerlichen Asymmetrien bei Termingeschäften im Rahmen privater Vermögensverwaltung haben. Das könnte ein Indiz dafür sein, daß ein steuerlich bedingter Wettbewerb zwischen Kassa- und Terminhandel in Deutschland nicht ausgeschlossen werden soll.

2) Übersteigen die Werbungskosten die Einnahmen, regelt § 22 Nr. 3 Satz 3 EStG, daß der übersteigende Betrag bei der Ermittlung des Einkommens nicht ausgeglichen werden darf. Nach der gleichen Vorschrift ist ein Abzug nach § 10 d EStG verboten. Übersteigen die Werbungskosten die Einnahmen, dürfen sie nur mit anderen Einnahmen i.S.d. § 22 Nr. 3 EStG ausgeglichen werden. Hilfsweise wird im weiteren angenommen, daß bei Verlusten stets andere Einnahmen nach § 22 Nr. 3 EStG vorhanden sind. Zu Besonderheiten bei der zeitlichen Zuordnung der Werbungskosten siehe das BFH-Urteil v. 3. Juni 1992, S. 1017; R. Charlier (1993), S. 2 f.

3) Siehe R. Hamacher (1989), S. 509, 512, insbesondere zur Trennung zwischen nichtsteuerbarer Vermögensebene und steuerbarer Nutzungssphäre, aus der die Nichtanerkennung der Werbungskosten abgeleitet wird.

vember 1990 untermauert.[1] Werden Stillhaltereinkünfte nicht besteuert, kann man die Ausgleichszahlung als Werbungskosten nicht
berücksichtigen, weil keine steuerbaren Einkünfte vorliegen.[2]

ab) Steuerliche Auswirkungen auf die Anlageentscheidung

Um steuerliche Vorteilhaftigkeitsüberlegungen mit einer Minusposition in Aktienindexkaufoptionen abzuleiten, kann man annehmen,
daß ein Anleger sinkende Aktienkurse erwartet und zwischen zwei
Anlagealternativen wählen kann. Zum einen kann der Anleger am
Beginn der Anlageperiode Aktien verkaufen, Kompensationszahlungen für Dividenden leisten, und am Ende der Anlageperiode die
Aktien erwerben (Anlagealternative V). Zum anderen kann der Anleger am Beginn der Anlageperiode eine Aktienindexkaufoption verkaufen, einen Kredit aufnehmen und am Ende der Anlageperiode
Zinsen zahlen (Anlagealternative VI).[3]

---

1) BFH-Urteil v. 28. November 1990, S. 300. Zu einer kritischen
Betrachtung dieser Entscheidung siehe Abschnitt A. V. 2. b) des
dritten Teils.

2) Entspräche das Eingehen einer Stillhalterposition der Veräußerung
eines immateriellen Wirtschaftsgutes, könnte analog zu einer denk-
baren steuerlichen Einordnung des erhaltenen Barausgleichs als
technisch bedingter "fiktiver Verkauf" die geleistete Ausgleichszahlung als technisch bedingter "fiktiver Erwerb" dieses immateriellen Wirtschaftsgutes eingeordnet werden.

3) Es wird im weiteren einfachheitshalber davon ausgegangen, daß
vereinnahmte Prämien am Ende der Anlageperiode besteuert wer-
(Fortsetzung...)

Zunächst wird angenommen, daß die Aktienkurse bis zum Ende der Anlageperiode tatsächlich gefallen sind. Nach dem Zerlegungsansatz erzielt der Anleger aus den Anlagealternativen V und VI betraglich gleiche Ergebnisse:[1]

(3.19) $C_e(1 - s_O) - B \times r_B(1 - s_B)$
$= - h(S^* - S)(1 - s_S) - D^*(1 - s_D).$

Sind die Stillhaltereinkünfte steuerfrei, weil sich beispielsweise ein Besteuerungsvorschlag der Banken durchsetzt, verändert sich Gleichung (3.19) zu Gleichung (3.20):

(3.20) $C_e - B \times r_B(1 - s_B)$
$= - h(S^* - S)(1 - s_S) - D^*(1 - s_D) + A.$

Wählt der Anleger anstelle des Aktienleerverkaufs den Verkauf der Kaufoption und die Kreditaufnahme, erzielt er einen Steuervorteil in Höhe von A:

---

3)(...Fortsetzung)
den, das mit dem Ende des steuerlichen Veranlagungszeitraums übereinstimmt, obwohl die Prämien schon am Beginn der Anlageperiode zufließen. Hinzuzufügen ist, daß Vorteilhaftigkeitsüberlegungen mit Optionen in Performanceindices analog Abschnitt A. IV. 2. b) des dritten Teils zu modifizieren wären.

1) Damit die Zinszahlung die steuerliche Bemessungsgrundlage reduziert, muß sie einem anderen steuerpflichtigen Spekulationsgeschäft, Dividendeneinkünften oder Zinseinkünften zugeordnet werden. Um das Problem zu umgehen, könnte man einfachheitshalber den Term - B × $r_B(1 - s_B)$ auf die rechte Seite stellen. Aus der Kreditaufnahme wird eine Anlage in Anleihen. Es würde der Verkauf einer Kaufoption nachgebildet werden.

(3.21) $A = C_e s_0.$

Steigen die Aktienkurse aber bis zum Ende der Anlageperiode, reduziert die dann zu leistende Ausgleichszahlung die steuerliche Bemessungsgrundlage nicht. Die Gleichung (3.20) verändert sich zu Gleichung (3.22):

(3.22) $C_e + E - S^* - B \times r_B(1 - s_B)$
           $= - h(S^* - S)(1 - s_S) - D^*(1 - s_D) + A.$

Der nachgebildete Leerverkauf weist dann einen Nachteil gegenüber dem einfachen Leerverkauf auf, wenn

(3.23) $A = (C_e + E - S^*)s_0$

negativ wird.

Die folgende Tabelle 3.5 stellt dar, welche Zahlungsströme sich aus der Umsetzung dieser ausgleichsarbitrageähnlichen steuerlichen Vorteilhaftigkeitsüberlegung ergeben. Die Differenz zwischen den Anlagealternativen informiert darüber, um welchen Betrag die Optionsalternative vorteilhafter oder nachteiliger als die Aktienalternative ist.

Tab. 3.5

Zahlungsströme nach Steuern bei einer Minusposition in Aktienindexkaufoptionen und entsprechenden Kassapositionen im Rahmen privater Vermögensverwaltung

Zeitpunkt / Komponente	t = 0	t = T $S^* > E$	t = T $S^* < E$
(V) Aktien *Verkauf in t = 0*	hS	$h(S^* - S)s_S - hS^*$	$h(S^* - S)s_S - hS^*$
(V) Dividenden	-	$-D^*(1 - s_D)$	$-D^*(1 - s_D)$
(VI) Kaufoption *Verkauf in t = 0*	C_e	$E - S^*$	-
(VI) Anleihe *Aufnahme in t = 0*	B	$-B[1 + r_B(1 - s_B)]$	$-B[1 + r_B(1 - s_B)]$
Differenz zw. V u. VI	0	$A = (C_e + E - S^*)s_O;$ $A < 0$	$A = C_e s_O;$ $A > 0$

Quelle: eigene Darstellung.[1]

---

1)   Für t = T und $S^* > E$ gilt: Wegen $s_B = s_D = s_O = s_S$ gilt: $-D^*(1$
     $-s_D) = (E - S^* + C_e)(1 - s_D) - B \times r_B(1 - s_D) + h(S^* - S)(1 - s_D)$.
     Für t = T und $S^* < E$ gilt: Wegen $s_B = s_D = s_O = s_S$ gilt: $-D^*(1$
     $- s_D) = C_e(1 - s_D) - B \times r_B(1 - s_D) + h(S^* - S)(1 - s_D)$.

Man kann aus diesem Prinzip weitere ausgleichsarbitrageähnliche
steuerliche Vorteilhaftigkeitsüberlegungen ableiten. Erwartet ein Anleger, daß bis zum Ende der Anlageperiode die Aktienkurse fallen,
kann er Zinseinkünfte aus bonitätsrisikofreien Finanztiteln durch den
Kauf von Aktien, dem Vereinnahmen von Dividenden und dem Verkauf einer Kaufoption nachbilden und einen Steuervorteil in Höhe
von A erzielen:

(3.24) $\quad B \times r_B(1 - s_B) + A$
$\quad\quad = C_e + h(S^* - S)(1 - s_S) + D^*(1 - s_D).$

Mit der rechten Seite der Gleichung (3.24) kann man die nachgebildeten Zinseinkünfte errechnen. Die Nachbildung ist in Höhe von

(3.21) $\quad A = C_e s_O$

vorteilhafter als die einfache Anlage in bonitätsrisikofreien Finanztiteln. Zwar hat der Anleger bei der Nachbildung kapitalertragsteuerabzugpflichtige Dividendeneinkünfte. Er erzielt jedoch bei sinkenden
Aktienkursen steuerfreie Gewinne aus Aktienindexoptionen.

Erfüllt sich die Kurserwartung nicht, erscheinen die Vorteilhaftigkeitsüberlegungen in einem anderen Licht. Ist der Verkauf der
Kaufoption steuerlich irrelevant, kann man die Ausgleichszahlung
nicht als Werbungskosten abziehen. Die Gleichung (3.24) verändert
sich zu Gleichung (3.25):

(3.25) $B \times r_B(1 - s_B) + A$

$$= C_e - S^* + E + h(S^* - S)(1 - s_S) + D^*(1 - s_D).$$

In diesem Fall kann A negativ werden:

(3.23) $A = (C_e + E - S^*)s_0,$

und die Nachbildung ist dann von Nachteil.

Bei einer Prognose fallender Aktienkurse kann ein Anleger differenzarbitrageähnliche Vorteilhaftigkeitsüberlegungen mit zuerst verkauften Optionen vornehmen. Er verkauft Kaufoptionen und erwirbt
mit dem Verkaufserlös und einem aufgenommenen Kredit Aktien.
Mit Gleichung (3.26) kann man den Term A ermitteln:

(3.26) $A = C_e - B \times r_B(1 - s_B) + h(S^* - S)(1 - s_S)$
$$+ D^*(1 - s_D).$$

Kürzer kann man schreiben, daß

(3.21) $A = C_e s_0$

ist.

Bei gestiegenen Aktienkursen ergibt sich am Ende der Anlageperiode ein Steuernachteil, dessen Höhe sich mit Gleichung (3.27) ermitteln läßt:

(3.27) $A = C_e + E - S^* - B \times r_B(1 - s_B)$
           $+ h(S^* - S)(1 - s_S) + D^*(1 - s_D).$

Kürzer läßt sich der Steuerterm mit Gleichung (3.23) errechnen:

(3.23) $A = (C_e + E - S^*)s_O.$

Die vorgestellten Vorteilhaftigkeitsüberlegungen mit zuerst verkauften Optionen beruhen darauf, daß vereinnahmte Prämien und möglicherweise zu leistende Differenzzahlungen steuerlich unerheblich
sind. Es läßt sich aber auch eine ausgleichsarbitrageähnliche Vorteilhaftigkeitsüberlegung herleiten, wenn ein Stillhalter vereinnahmte Prämien als sonstige Einkünfte i.S.d. § 22 Nr. 3 EStG versteuern
muß.

Sind die Aktienkurse bis zum Ende der Anlageperiode gefallen, führen die Anlage in bonitätsrisikofreien Titeln und die Nachbildung zu
identischen Ergebnissen. Formal läßt sich dieser Sachverhalt mit
Gleichung (3.28) ausdrücken:

(3.28) $B \times r_B(1 - s_B)$
           $= C_e(1 - s_O) + h(S^* - S)(1 - s_S) + D^*(1 - s_D).$

Die Zinseinkünfte unterliegen dem Kapitalertragsteuerabzug.[1] In
der Zahlung von Optionsprämien kann man eine Kapitalüberlassung
auf Zeit dagegen nicht sehen. Die Prämien fließen beim Options-

---

1)   Siehe Abschnitt A. IV. 2. b) des dritten Teils.

käufer endgültig ab. Spiegelbildlich folgt daraus, daß der Stillhalter die Prämien endgültig vereinnahmt. Liegen steuerbare Einnahmen i.S.d. § 22 Nr. 3 EStG vor, fällt wegen der nichtvorliegenden Kapitalüberlassung auf Zeit kein Steuerabzug an.[1] Allerdings sind die Dividendeneinkünfte bei der Nachbildung kapitalertragsteuerpflichtig. Der Steuervorteil hängt also vom Verhältnis der Zinseinkünfte zu den Dividendeneinkünften ab.

Sind die Aktienkurse bis zum Ende der Anlageperiode gestiegen, kann man die Ausgleichszahlung steuerlich nicht abziehen. Der Kauf bonitätsrisikofreier Finanztitel ist ex post günstiger. Dieses Ergebnis läßt sich aus Gleichung (3.29) ableiten:

$$(3.29) \quad B \times r_B(1 - s_B) + A$$
$$= C_e(1 - s_O) - S^* + E + h(S^* - S)(1 - s_S)$$
$$+ D^*(1 - s_D).$$

Die Nachbildung weist einen Nachteil auf, da

$$(3.30) \quad A = (E - S^*)s_O.$$

in diesem Fall negativ ist.

Diesen Abschnitt kann man wie folgt zusammenfassen. Bei den

---

1) Vereinnahmte Prämien werden nicht § 20 Abs. 1 Nr. 7 EStG zugeordnet; vgl. R. Hamacher (1993), S. 19; M. Bullinger u. J. Radke (1994), S. 280; J. Dahm u. R. Hamacher (1994), S. 14; J. Jung (1994), S. 74.

Vorteilhaftigkeitsüberlegungen, die auf der steuerfreien Vereinnahmung der Prämien beruhen, treten bei gleichen Umweltzuständen
gleiche Steuerterme auf. Bei gefallenen Aktienkursen läßt sich der
Steuerterm mit Gleichung (3.21) ermitteln. Bei gestiegenen Aktienkursen kann man den Steuerterm mit Gleichung (3.23) ermitteln.
Sind die Prämieneinnahmen steuerbar, kann man bei gestiegenen
Aktienkursen die Ausgleichszahlung nicht abziehen. Der daraus
resultierende Steuerterm läßt sich mit Gleichung (3.30) errechnen.
Die folgende Tabelle 3.6 stellt die Steuerterme gegenüber.

Tab. 3.6

Steuerterme bei Anlageentscheidungen mit einer Minusposition
in Aktienindexkaufoptionen im Rahmen privater Vermögensverwaltung

Ergebnis aus dem Optionsverkauf	Aktienkurs in $t = T$	Steuerterm
C_e	$S^* < E$	$A = C_e s_0;$ $A > 0$
	$S^* > E$	$A = (C_e + E - S^*) s_0;$ $A < 0$
$C_e(1 - s_0)$	$S^* > E$	$A = (E - S^*) s_0;$ $A < 0$

Quelle: eigene Darstellung.

b)   Glattstellung durch eine Plusposition

Um eine offene Minusposition vor dem Verfalltag durch eine entgegengesetzte Plusposition zu schließen, kauft man Optionen gleicher Serie. Auf den ersten Blick könnte es sich bei den Geschäften
um die Veräußerung immaterieller Wirtschaftsgüter vor ihrem Erwerb handeln.[1] Die Differenz zwischen dem Veräußerungspreis
und dem Erwerbspreis wäre als steuerpflichtiger Spekulationsgewinn oder -verlust anzusehen.

Gegen diese steuerliche Einordnung richtet sich das BFH-Urteil vom
28. November 1984.[2] Zuerst verkaufte Optionen seien keine
selbständigen, dem Vermögensbereich zugehörigen und übertrag-
baren Wirtschaftsgüter. Es handele sich bei einem Verkauf von
Kaufoptionen nicht um Veräußerungsvorgänge oder um veräuße-
rungsähnliche Vorgänge, bei denen ein Entgelt dafür gezahlt werde,
daß Vermögenswerte in ihrer Substanz aufgegeben werden. Steuerpflichtige Spekulationsgeschäfte lägen nicht vor. Statt dessen

---

1)   § 23 Abs. 1 Satz 1 Nr. 2 EStG. Die Besteuerung ergäbe sich als
      Umkehrschluß aus dem Kauf und anschließenden Verkauf von Op-
      tionen. Die Veräußerung vor dem Erwerb würde verglichen mit der
      Anschaffung vor der Veräußerung wegen der fehlenden Sechsmo-
      natsfrist steuerlich sanktioniert werden.

2)   BFH-Urteil v. 28. November 1984, S. 265; siehe auch BFH-Urteil
      v. 28. November 1990, S. 303.

handele es sich bei den Prämieneinnahmen um sonstige Einkünfte
i.s.d. § 22 Nr. 3 EStG.[1]

Man wird bei der Zuordnung zu § 22 Nr. 3 EStG aus ökonomischer
Sicht erwarten, daß die gezahlten Prämienausgaben als Werbungskosten bei den sonstigen Einkünften anerkannt werden.[2] Anderenfalls können aus positiven Renditen im Nichtsteuerfall negative
Renditen im Steuerfall werden, was aus ökonomischer Sicht unver-
tretbar ist.

Das scheint auch der Bundesfinanzminister erkannt zu haben. Werden Optionspositionen durch Gegengeschäfte glattgestellt, handelt
es sich nach einer jüngeren Verwaltungsanweisung bei den Prämienausgaben um Aufwendungen zur Befreiung zuvor eingegangenen Stillhalterpositionen und damit um Aufwendungen zur Sicherung der Prämieneinnahmen. Danach können Anleger Prämienausgaben als Werbungskosten bei den Einkünften aus § 22 Nr. 3 EStG
abziehen.[3]

Gegen eine solche Anerkennung der Prämienausgaben als Werbungskosten bei den sonstigen Einkünften spricht allerdings noch

---

1) Das Ergebnis ist im Licht der vorgetragenen Einschränkungen zur
   Steuerbarkeit von Stillhalterprämien zu sehen.

2) R. Jansen (1992 ff.), Anm. 238 zu § 22 EStG; J. Jung (1992), S.
   8198-8200.

3) BMF-Schreiben v. 10. November 1994, S. 817 f.; P. Mauritz
   (1995), S. 700.

die Rechtsprechung des BFH zu Optionskombinationen.[1] Danach sind der Verkauf von Optionen und der anschließende Kauf von Optionen voneinander zu trennende Geschäfte (Trennungstheorie). Dem BFH zufolge sind Prämienausgaben für den Kauf von Kaufoptionen zur Glattstellung zuerst verkaufter Optionen steuerlich unbeachtlich.

c) Zusammenfassung

Bei der Besteuerung von Minuspositionen in Kaufoptionen sind strittige Fragen zu klären. Es erstaunt, daß Plus- und Minuspositionen steuerlich ungleich eingeordnet werden. Setzten sich die Vorschläge durch, Prämieneinnahmen nicht zu besteuern oder Prämieneinnahmen steuerlich anzuerkennen, jedoch Prämienausgaben sowie Differenzzahlungen nicht als Werbungskosten zu akzeptieren, läge keine intersegmentneutrale Besteuerung im weiteren Sinn (horizontale Betrachtung) vor. Die Optionsalternativen würden nicht wie die Referenzgüteralternativen besteuert werden.

---

1) BFH-Urteil v. 28. November 1990, S. 300, 304 f.; vgl. FG Baden-Württemberg, Urteil v. 9. Februar 1984, rkr., S. 503. Der BFH hat in seinem Urteil v. 28. November 1990 ausgeführt, Vermögensverluste aus sich anschließenden Wertpapiergeschäften oder aus gegenläufigen Geschäften seien nicht als Werbungskosten abziehbar, weil die Werteinbußen auf der Vermögensebene lägen. Bei den Überschußeinkunftsarten (§ 2 Abs. 1 Satz 1 Nrn. 4 bis 7 EStG) blieben Wertveränderungen von Wirtschaftsgütern, abgesehen von den Ausnahmen der §§ 17 und 23 EStG, außer Betracht (S. 304). Bei den gezahlten Optionsprämien handele es sich um vergebliche Anschaffungsnebenkosten (S. 305).

Dann gäbe es Anhaltspunkte für ausgleichs- und differenzarbitrageähnliche steuerliche Vorteilhaftigkeitsüberlegungen. Es wurde allerdings deutlich, daß Anleger keine Steuerarbitrage vornehmen
könnten, weil man am Beginn der Anlageperiode steuerlich bedingte
Verluste nicht ausschließen kann.[1]

VI. Steuerliche Auswirkungen auf die Anlageentscheidung zwischen Aktienindex-Futures und Aktienindexoptionen

Um zu beurteilen, ob die steuerlichen Vorschriften für Aktienindex-
Futures und Aktienindexoptionen intrasegmentneutral im weiteren
Sinn sind, bietet es sich an, auf die Herleitung der Besteuerung von
Aktienindexoptionen mit Hilfe von Aktienindex-Futures zurückzu-
greifen.[2] Danach führt der Kauf von Aktienindex-Futures (Anlagealternative II) zum gleichen Ergebnis wie der Kauf von Aktienindexkaufoptionen europäischen Typs und der Verkauf von Aktienindexverkaufsoptionen europäischen Typs (Anlagealternative III). Bei
beiden Anlagealternativen erwirbt der Anleger bonitätsrisikofreie

---

1) Die Ergebnisse zur Besteuerung von Aktienindexkaufoptionen kann
man auf Aktienindexverkaufsoptionen übertragen. Mit den Modellen zur Bewertung von Verkaufsoptionen gelangt man zu steuerlichen Vorteilhaftigkeitsüberlegungen, die den Rahmen der vorliegenden Untersuchung sprengen würden. Zur Bewertung von Verkaufsoptionen europäischen Typs siehe J. C. Singleton u. R. Grieves (1984); J. C. Cox u. M. Rubinstein (1985), S. 145-154, L.
Jurgeit (1989), S. 153-161; D. M. Chance (1991), S. 84-98; H.
R. Stoll u. R. E. Whaley (1993), S. 346-350.

2) Siehe die Abschnitte A. II. 3. a) u. b) des ersten Teils.

Finanztitel in gleichem Umfang. Diese übereinstimmenden Komponenten werden können deshalb im folgenden wieder vernachlässigt werden.

Es wird in diesem Abschnitt untersucht, ob die Anlagealternativen II und III auch für Anleger im Rahmen privater Vermögensverwaltung gleichrangig sind. Am Beginn der Anlageperiode ergibt sich aus dem Kauf des Future keine Zahlung. Aus dem Verkauf der Verkaufsoption erhält der Anleger Prämieneinnahmen in Höhe von P_e. Er zahlt C_e für die Kaufoption. Da P_e und C_e annahmegemäß betraglich übereinstimmen, gleichen sich bei beiden Anlagealternativen die Zahlungsströme am Beginn der Anlageperiode.

Sind die Aktienkurse bis zum Ende der Anlageperiode gestiegen, erzielt der Anleger aus dem Future einen steuerfreien Barausgleich in Höhe von $S^* - E$.[1] Bei der anderen Anlagealternative mit Optionen übt der Anleger die Kaufoption am Ende der Anlageperiode aus. Er erzielt einen Gewinn in Höhe von $S^* - E$. Die Ausgleichszahlung fließt steuerfrei zu. Die gezahlte Prämie für die Kaufoption wirkt sich steuerlich nicht aus. Die Minusposition in der Verkaufsoption wird durch Verfall ausgeglichen. Wenn man den Vorschlägen zur Besteuerung von Stillhaltereinkünften folgt, die zu einer steuerfreien Vereinnahmung der Prämien führen, ergeben sich keine steuerlichen Vorteilhaftigkeitsüberlegungen zwischen den Anlagealternativen II

---

1) Zur Besteuerung von Aktienindex-Futures und Aktienindexoptionen siehe die Abschnitte A. IV. u. V. des dritten Teils. Erinnert sei daran, daß annahmegemäß der Wert des Future am Beginn der Anlageperiode und die Basispreise der Optionen übereinstimmen, so daß man einfachheitshalber E = F schreiben kann.

und III. Der Steuervorteil aus der steuerfreien Vereinnahmung der erhaltenen Prämien und der Steuernachteil aus der Nichtabziehbarkeit der gezahlten Prämien heben sich gegeneinander auf.

Gelangt man zu dem Ergebnis, die Prämieneinnahmen aus dem Verkauf der Verkaufsoptionen als sonstige Einkünfte unter § 22 Nr. 3 EStG zu subsumieren, zahlt der Anleger Steuern in Höhe von $P_e s_0$. Davon geht die Untersuchung im weiteren aus. Der Future ist dann um $P_e s_0$ vorteilhafter als seine Nachbildung. Um zu prüfen, ob Steuerarbitrage vorliegt, muß man aber auch die Steuerterme bei anderen Kursentwicklungen beachten.

Sind die Aktienkurse bis zum Ende der Anlageperiode gefallen, erzielt der Anleger aus dem Kauf des Future einen steuerlich unbeachtlichen Verlust in Höhe von $S^* - E$. Die Kaufoption verfällt. Die Prämienausgabe wirkt sich steuerlich nicht aus. Der Käufer der Verkaufsoption übt aus. Der Stillhalter leistet eine Ausgleichszahlung in Höhe von $S^* - E$, die steuerlich irrelevant ist. Die Steuerbelastung aus dem Verkauf der Verkaufsoption beträgt $P_e s_0$. Die Nachbildung mit Optionen weist auch bei fallenden Aktienkursen gegenüber dem Future einen Nachteil auf.

Ist am Ende der Anlageperiode $S^* = E$, ergeben sich aus Future und Kaufoption keine Zahlungen. Für die vereinnahmte Verkaufsoptionsprämie wird der Anleger mit $P_e s_0$ belastet. Die Nachbildung ist auch in diesem Fall nachteiliger.

Es ist daher vertretbar, von steuerlicher Ausgleichsarbitrage zu sprechen. Tabelle 3.7 stellt die Zahlungsströme am Beginn und am Ende der Anlageperiode gegenüber. Die Differenzreihe zeigt, daß Futures stets vorteilhafter als Optionen sind. Diese Tabelle ist eine Variante der Tabelle 1.4, die gegenüberstellte, daß ein Anleger im ökonomischen Steuermodell zwischen den Anlagealternativen II und III indifferent ist.[1]

---

1) Da sich bei beiden Anlagealternativen die Anlagen in bonitätsrisikofreien Finanztiteln am Beginn der Anlageperiode gleichen, läßt es sich einfachheitshalber rechtfertigen, die Zinseinkünfte in der Darstellung zu vernachlässigen.

Tab. 3.7

Zahlungsströme nach Steuern bei einer Plusposition in Aktienindex-Futures und entsprechenden Optionspositionen im Rahmen privater Vermögensverwaltung

Zeitpunkt \ Komponente	t = 0	$S^* > E$	$S^* = E$	$S^* < E$
(II) Future *Kauf in t = 0*	-	$S^* - E$	-	$S^* - E$
(III) Kaufoption *Kauf in t = 0*	$- C_e$	$S^* - E$	-	-
(III) Verkaufsoption *Verkauf in t = 0*	$+ P_e$	$- P_e s_0$	$- P_e s_0$	$S^* - E - P_e s_0$
Differenz zw. II u. III	0	$A = P_e s_0$; $A > 0$	$A = P_e s_0$; $A > 0$	$A = P_e s_0$; $A > 0$

(Spaltenüberschrift t = T über $S^* > E$, $S^* = E$, $S^* < E$)

Quelle: eigene Darstellung.

Erwartet ein Anleger fallende Aktienkurse, kann er einen Future verkaufen oder eine Kaufoption verkaufen sowie eine Verkaufsoption kaufen. Am Beginn der Anlageperiode ergibt sich aus dem Verkauf des Future keine Zahlung. Aus dem Verkauf der Kaufoption erzielt der Anleger Prämieneinnahmen in Höhe von C_e und zahlt P_e für den Kauf der Verkaufsoption.

Sind bis zum Ende der Anlageperiode die Aktienkurse gefallen, führt der Future zu einem steuerfreien Gewinn in Höhe von $E - S^*$. Die Kaufoption wird nicht ausgeübt. Der Anleger muß die vereinnahmte Prämie versteuern ($- C_e s_0$). Zugleich übt er die Verkaufsoption aus. Aus der Ausübung fließt ihm die steuerfreie Ausgleichszahlung in Höhe von $E - S^*$ zu. Die Prämienausgabe für die Verkaufsoption kann steuerlich nicht berücksichtigt werden. Die Nachbildung bringt $C_e s_0$ weniger als der Future.

Sind bis zum Ende der Anlageperiode die Aktienkurse gestiegen, ergibt sich aus dem Future ein steuerlich nichtabziehbarer Verlust in Höhe von $E - S^*$. Der Inhaber der Kaufoption übt aus. Der Stillhalter leistet eine steuerlich unbeachtliche Ausgleichszahlung in Höhe von $E - S^*$. Die Prämieneinnahme aus dem Verkauf der Kaufoption ist zu versteuern ($- C_e s_0$). Die Verkaufsoption verfällt am Ende der Anlageperiode. Die Prämienausgabe für die Verkaufoption wirkt sich steuerlich nicht aus. Die Nachbildung weist auch hier einen Nachteil auf.

Ist $S^* = E$, ergibt sich aus dem Future keine Zahlung. Die Prämieneinnahme aus der Kaufoption wird besteuert. Die gekaufte Verkaufsoption verfällt, und die hierfür gezahlte Optionsprämie ist steuerlich unbeachtlich. Die Nachbildung ist auch hier von Nachteil.

Eine steuerliche Ausgleichsarbitrage ist denkbar. A ist in jedem Fall mit $C_e s_0$ größer als null.

Die folgende Tabelle 3.8 verdeutlicht dagegen, daß ein Anleger differenzarbitrageähnliche steuerliche Vorteilhaftigkeitsüberlegungen mit Futures und Optionen nicht erfolgreich umsetzen kann, wenn er einen Future kauft sowie eine Kaufoption verkauft und eine Verkaufsoption kauft.

Tab. 3.8

Zahlungsströme nach Steuern bei Pluspositionen in Aktienindex-Futures und Aktienindexverkaufsoptionen sowie einer Minusposition in Aktienindexkaufoptionen im Rahmen privater Vermögensverwaltung

Zeitpunkt / Komponente	t = 0	t = T $S^* > E$	t = T $S^* = E$	t = T $S^* < E$
Future Kauf in t = 0	-	$S^* - E$	-	$S^* - E$
Kaufoption Verkauf in t = 0	$+ C_e$	$E - S^* - C_e s_0$	$- C_e s_0$	$- C_e s_0$
Verkaufsoption Kauf in t = 0	$- P_e$	-	-	$E - S^*$
Portefeuillewert	0	$A = - C_e s_0;$ $A < 0$	$A = - C_e s_0;$ $A < 0$	$A = - C_e s_0;$ $A < 0$

Quelle: eigene Darstellung.

Sind die Aktienkurse bis zum Ende der Anlageperiode gestiegen, er-
fließen die Gewinne aus dem Future steuerfrei zu. Die Kaufoption
wird ausgeübt. Die am Beginn der Anlageperiode vereinnahmte
Kaufoptionsprämie ist steuerlich relevant. Der Anleger leistet eine
Ausgleichszahlung, die die steuerliche Bemessungsgrundlage nicht
reduziert. Die Prämienzahlung für die nichtausgeübte Verkaufsoption wirkt sich steuerlich ebenfalls nicht aus.

Sind die Aktienkurse bis zum Ende der Anlageperiode gefallen, erzielt der Anleger aus dem Future steuerlich nichtabziehbare Verluste. Die Prämieneinnahme aus der verkauften Kaufoption ist zu
versteuern. Der Anleger kann die Ausgleichszahlung aus der Ausübung der Verkaufsoption steuerfrei vereinnahmen. Die gezahlte
Prämie reduziert nicht die steuerliche Bemessungsgrundlage.

Ist $S^* = E$, ergibt sich aus dem Future ein ausgeglichenes Ergebnis.
Die Verkaufsoption verfällt. Die gezahlte Prämie ist steuerlich unerheblich. Die Prämieneinnahme aus der verkauften Kaufoption wird
besteuert. In allen drei Fällen ergibt sich am Ende der Anlageperiode
ein negativer Portefeuillewert.

Differenzarbitrageähnliche steuerliche Vorteilhaftigkeitsüberlegungen mit Futures und Optionen lohnen sich auch nicht, wenn der
Anleger am Beginn der Anlageperiode einen Future und eine Verkaufsoption verkauft sowie eine Kaufoption kauft. Am Ende der Anlageperiode ergibt sich für $S^* > E$, $S^* = E$ und $S^* < E$ immer $A <$
0, und zwar mit $A = - P_e s_0$.

Damit eine Differenzarbitrage möglich wäre, müßte die nachteilige synthetische Position in Optionen umgedreht werden. Durch den Wechsel von einer synthetischen Minusposition in eine synthetische Plusposition ergibt sich aber kein steuerlicher Vorteil. Nicht einmal der Nachteil verschwindet, da nun als Teilposition eine Minusposition in einer anderen Option eingegangen werden muß. Es wird also lediglich die andere Prämie der beiden Optionen besteuert, die in der synthetischen Position enthalten sind.

Dieser Abschnitt ergab, daß vergleichbare Geschäfte in Optionen und Futures unterschiedlich besteuert werden. Es liegt keine intrasegmentneutrale Besteuerung im weiteren Sinn vor. Bemerkenswert ist, daß sich Gewinne mit steuerlicher Ausgleichsarbitrage erzielen lassen. Allerdings ergeben differenzarbitrageähnliche Vorteilhaftigkeitsüberlegungen, daß Anleger aus deren Umsetzung nur Steuernachteile erzielen können.

Die Untersuchung zur Zuordnung der Ergebnisse zu verschiedenen Einkunftsarten und innerhalb einer Einkunftsart ist an dieser Stelle beendet. Es ist ersichtlich, daß ein Anleger unter den getroffenen Annahmen zahlreiche arbitrageähnliche steuerliche Vorteilhaftigkeitsüberlegungen vornehmen kann. Ansatzpunkte für Steuerarbitrage lassen sich nur bei steuerlicher Ausgleichsarbitrage zwischen Futures und Optionen erkennen.

Das könnte ein Zeichen dafür sein, daß die Vorschriften de lege lata weitgehend ausreichen, um Steuerarbitrage mit Finanzinstrumenten zu verhindern. Sie sind damit noch nicht entscheidungsneutral. Solange sich arbitrageähnliche steuerliche Vorteilhaftigkeitsüberlegungen lohnen, wird die Rangfolge ökonomisch äquivalenter Anlagealternativen verzerrt. Bevor man die Frage beantworten kann, welcher steuerpolitische Schluß sich daraus möglicherweise ergibt, wird im folgenden die zeitliche Zuordnung der Ergebnisse im Rahmen privater Vermögensverwaltung erörtert.

B.   Zeitliche Zuordnung der Ergebnisse

Nach der Annahme zur zeitlichen Zuordnung der Ergebnisse werden
in den Steuermodellen auch unrealisierte Gewinne und Verluste am
Ende eines steuerlichen Veranlagungszeitraums (Jahresende) erfaßt. Es bietet sich an, von einem steuerlichen Marking-to-Market
zu sprechen.[1] Geschäfte im Rahmen privater Vermögensverwaltung werden nicht nach einem steuerlichen Marking-to-Market besteuert. Statt dessen gilt das Zufluß- und Abflußprinzip. Für die
Besteuerung müssen die Einnahmen zugeflossen und die Ausgaben
geleistet sein.[2]

Gilt das Zufluß- und Abflußpinzip, läßt sich der Barwert einer Steuerzahlung reduzieren, wenn es gelingt, die Besteuerung von Gewinnen hinauszuzögern und die Besteuerung von Verlusten vorzuziehen.[3] Das läßt sich zum Beispiel durch eine Plusposition und eine
Minusposition in ökonomisch äquivalenten Finanzinstrumenten erzielen. Solche und ähnliche Kombinationen faßt die Literatur mit
dem Begriff "Tax Straddles" zusammen.[4]

---

1)   Siehe Abschnitt A. II. 2. b) des ersten Teils.

2)   § 11 Abs. 1 und 2 EStG.

3)   C. C. Holt u. J. P. Shelton (1961); dies. (1962); J. E. Stiglitz
      (1983), S. 272 f.

4)   J. Stiglitz (1985), S. 328; H. D. Shereff (1990), S. 157-174; R.
      Shuldiner (1992a), S. 280-282.

Da Gewinne und Verluste aus Aktienindex-Futures de lege lata nicht steuerbar sind, spielt die zeitliche Zuordnung der Ergebnisse keine Rolle. Wären Geschäfte in Aktienindex-Futures de lege feren-da steuerpflichtige Spekulationsgeschäfte,[1] profitierte ein Anleger vom Zufluß- und Abflußprinzip, wenn er bei erwarteten Kurs-schwankungen bis zum Jahresende gleichzeitig eine gleiche Anzahl Futures gleichen Typs kaufte und verkaufte. Der Anleger hat dann zwei offene Positionen: eine Plusposition und eine Minusposition. Lediglich die Vorzeichen weichen bei den beiden Positionen vonein-ander ab. Dieser hypothetische Fall wird zunächst betrachtet.

Solange wie der Future-Preis steigt oder fällt, steigt der Marktwert einer Position und fällt der Marktwert der anderen Position. Vor dem Jahresende muß der Anleger mindestens eine weitere Transak-tion durchführen, um einen Steuervorteil zu erzielen. Auf jeden Fall muß er die verlustbringende Position vor dem Jahresende schlie-ßen. Die gewinnbringende Position bleibt offen und wird erst im folgenden Veranlagungszeitraum geschlossen. Im Ergebnis wirken sich die Verluste steuerlich vor den Gewinnen aus.

Der Anleger hat über den Jahreswechsel eine offene Position. Er-wartet er über den Jahreswechsel weitere Kursschwankungen, geht er nach dem Schließen der verlustbringenden Position wieder

---

1)   Das ließe sich zum Beispiel durch eine Ausweitung der Tatbe-standsmerkmale des § 23 EStG bewerkstelligen.

eine identische Position ein.[1] Das ist die zweite Transaktion vor dem Jahresende. Rechnet der Anleger über den Jahreswechsel mit stabilen Kursen, bleibt die gewinnbringende Position offen.

Eine Prognose über die Richtung der Kursveränderung ist bei Tax Straddles nicht erforderlich. Wichtig ist, daß die Kurse sich überhaupt verändern. Darüber benötigt man eine Prognose. Die Höhe der steuerlich bedingten Gewinne ist ex ante unsicher. Steuerlich bedingte Verluste kann man am Beginn der Anlageperiode allerdings ausschließen. Es liegt also eine steuerliche Differenzarbitrage vor.

Man könnte auf die Idee kommen, sämtliche steuerpflichtigen Einkünfte mit Verlusten aus Tax Straddles mit Aktienindex-Futures zu verrechnen und in steuerfreie Einkünfte umzuwandeln. Es existiert allerdings eine Vorschrift, die eine solche Steuerarbitrage einschränkt. Dabei handelt es sich um die Verlustverrechnungsbeschränkung des § 23 Abs. 4 Satz 3 EStG. Verluste aus Tax Straddles könnten aber mit Gewinnen aus steuerpflichtigen Spekulationsgeschäften des gleichen Kalenderjahres verrechnet werden. Um die Gewinne aus Tax Straddles nicht zu besteuern, bietet es

---

1) Möglicherweise werden die Verluste steuerlich nicht anerkannt, wenn der Anleger innerhalb einer bestimmten Zeit vor und nach dem Schließen einer Position eine identische Position eingeht. Der Staat könnte bei solchen Wash Sales einen Mißbrauch von rechtlichen Gestaltungsmöglichkeiten (§ 42 AO) annehmen; T. Kaligin (1987), S. 183. Durch die Nachbildung kann ein Anleger Positionen aufbauen, die ökonomisch äquivalent oder nahezu ökonomisch äquivalent sind, aber aus anderen Finanztiteln bestehen; vgl. R. Auster (1988), S. 35-51; D. M. Emmel (1989); S. Etkind (1989); S. Dennis-Escoffier u. K. A. Fortin (1990); A. S. Kramer (1991), S. 439-501; H. M. Schneider u. J. Crestol (1991), S. 33-45.

- 190 -

sich an, Verluste mit neuen Tax Straddles zu erzeugen. Sind Spekulationsgewinne und -verluste nur innerhalb der Sechsmonatsfrist
steuerpflichtig, genügt es allerdings, die gewinnbringende Position
länger als sechs Monate zu halten.[1]

Gewinne und Verluste aus einer Plusposition in Aktienindexoptionen, die vor dem Verfalltag veräußert werden, sind de lege lata
innerhalb der Sechsmonatsfrist steuerpflichtig.[2] Damit sich Tax
Straddles mit Optionen realisieren lassen, müssen auch Gewinne
und Verluste aus Optionsminuspositionen als steuerpflichtige Spekulationsgeschäfte i.S.d. § 23 Abs. 1 Satz 1 Nr. 2 EStG anerkannt
werden. Es stellte sich heraus, daß die Rechtsprechung dieser Einordnung nicht folgt. Statt dessen werden Prämieneinnahmen de lege lata nach § 22 Nr. 3 EStG eingeordnet. Aus steuerlicher Sicht
gelten die Prämien als am Beginn der Anlageperiode zugeflossen.
Eine zeitliche Verschiebung kommt nicht in Betracht. Prämienausgaben lassen sich nach Auffassung des BFH auch nicht als Werbungs-

---

1) Ein- und Auszahlungen aus dem täglichen Gewinn- und Verlustausgleich bei offenen Futures-Positionen könnten steuerlich als zu-
und abgeflossen gelten. Wäre das der Fall, erübrigten sich möglicherweise die aufgezeigten Vorteilhaftigkeitsüberlegungen. Das
börsliche Marking-to-Market hätte ein steuerliches Marking-to-
Market implementiert. Andererseits kann ein Anleger nur mit Zustimmung seines Kreditinstituts über die Gutschriften aus dem
täglichen Gewinn- und Verlustausgleich verfügen; Sonderbedingungen für Börsentermingeschäfte (1990), Ziffer 3 Abs. 6. Das
spricht möglicherweise dafür, trotz des Marking-to-Market nicht
von einem steuerbaren Zufluß auszugehen, weil der Anleger keine
wirtschaftliche Verfügungsmacht über die Einzahlungen erlangt.

2) Zur Besteuerung von Aktienindexoptionen siehe Abschnitt A. V. 2.
des dritten Teils.

kosten abziehen.[1] Tax Straddles mit Optionen sind danach nicht möglich. Sollte der Staat de lege ferenda Prämieneinnahmen und Prämienausgaben gleichstellen, könnten sich im Rahmen des § 23 Abs. 4 Satz 3 EStG und unter Berücksichtigung der Spekulationsfrist Anhaltspunkte für Tax Straddles mit Optionen ergeben.[2]

Ungeachtet möglicher Leerverkaufsrestriktionen bleibt zu prüfen, ob de lege lata Tax Straddles mit Aktien möglich sind. Dazu verkauft ein Anleger Aktien leer und erwirbt mit dem Verkaufserlös eine Plusposition in diesen Aktien. Es wird angenommen, daß sich die Aktienkurse bis kurz vor Jahresende verändern. Über den Jahreswechsel gibt es keine Kursschwankungen. Die Verluste werden im ersten Jahr steuerlich geltend gemacht. Die Gewinne werden erst im nächsten Jahr realisiert.

Tax Straddles mit Aktien können Anleger innerhalb der Sechsmonatsfrist schon heute durchführen. Man kann die Verluste allerdings nur mit anderen Spekulationsgewinnen verrechnen, die im gleichen

---

1) Es wird sich zeigen, ob der BFH seine bisherige Rechtsprechung vor dem Hintergrund des BMF-Schreibens vom 10. November 1994 aufrechterhält; siehe Abschnitt A. V. 2. b) des dritten Teils.

2) Bei Optionen, die nach dem Future-Style-Prämienverfahren abgerechnet werden, könnte bereits das börsliche Marking-to-Market die Voraussetzungen für ein steuerliches Marking-to-Market geschaffen haben; vgl. die Anmerkungen zu Futures auf der vorherigen Seite. Tax Straddles mit Optionen erübrigten sich möglicherweise. Die Einschränkung trifft allerdings nicht auf DTB-Aktienindexoptionen zu, bei denen die Prämienzahlungen am Beginn der Anlageperiode erfolgen; siehe Abschnitt A. V. 2. a) aa) des dritten Teils.

Kalenderjahr angefallen sind. Beachtet man diese Einschränkungen, ist mit Aktien sogar eine steuerliche Differenzarbitrage möglich, weil es nicht darauf ankommt, ob die Aktienkurse steigen oder fallen. Es ist entscheidend, daß sich die Kurse überhaupt verändern. Steuerlich bedingte Verluste kann man am Beginn der Anlageperiode ausschließen.

Zum Ausklang dieses Abschnitts ist ein Blick auf die steuerliche Einordnung von Tax Straddles mit Futures und Optionen in den Vereinigten Staaten angebracht, weil Asymmetrien bei der zeitlichen Zuordnung der Ergebnisse dort jahrelang eine bedeutende Rolle gespielt haben.[1] Es ist zu vermuten, daß die amerikanischen Vorschriften zukünftigen deutschen Steuergesetzen als Vorbild dienen könnten, wenn der Staat die Besteuerung von Finanzinstrumenten ausweitete. Kern der Straddle Rules ist es, realisierte Verluste aus Tax Straddles steuerlich nicht anzuerkennen, solange unrealisierte Gewinne bestehen. Die allgemeinen Beschränkungen für Verluste aus Finanzgeschäften privater Anleger gelten auch für Tax Straddles.[2] Sofern Terminkontrakte als "Section

---

1) Schon 1947 hatte die Commodity Exchange Authority auf Tax Straddles hingewiesen. Der Internal Revenue Service scheint aber erst 1973 durch einen Mitarbeiter von Merrill Lynch auf die große Bedeutung der Steuerschlupflöcher aufmerksam geworden zu sein; J. F. Kennedy (1974); R. R. Dailey (1981); B. M. Levy (1981); R. W. Evans (1982); S. Strauss (1982); D. Zigas (1987); D. Burnham (1990), S. 208-216; D. Greising u. L. Morse (1991), S. 69, 96.

2) H. D. Shereff (1990), S. 9 f.; R. Shuldiner (1992b), S. 785. Verluste sind nur in Höhe der im gleichen Veranlagungszeitraum erzielten Gewinne und darüber hinaus bei anderen Einkünften bis zu US-
(Fortsetzung...)

1256 Contracts" eingeordnet und nicht zur Kurssicherung abgeschlossen werden, unterliegen die Positionen einem steuerlichen
Marking-to-Market. Die unrealisierten Gewinne und Verluste werden
unabhängig von der tatsächlichen Haltedauer der Positionen steuerlich so eingeordnet, als seien sie zu 60 % langfristig und zu 40 %
kurzfristig.[1]

---

2)(...Fortsetzung)
$ 3 000 steuerlich abziehbar. Zusätzlich können private Anleger
unausgeglichene Verluste auf zukünftige Veranlagungszeiträume
vortragen.

1)   E. D. Kleinbard u. S. F. Greenberg (1988); W. Yang (1989); H. D.
       Shereff (1990), S. 157-240; H. B. McCawley (1990 ff.), A-25 -
       A-53, B-101; A. S. Kramer (1991), S. 1181-1351; R. Shuldiner
       (1992a), S. 280-283; ders. (1992b), S. 785 f.

C. Zusammenfassung des dritten Teils

Steuerliche Vorteilhaftigkeitsüberlegungen ergeben sich, wenn der Staat ökonomisch äquivalente Anlagealternativen unterschiedlich besteuert. Steuerarbitrage ist ein Typ solcher Vorteilhaftigkeitsüberlegungen. Bei steuerlicher Ausgleichsarbitrage zieht ein Anleger eine Anlagealternative einer oder mehreren ökonomisch äquivalenten Varianten aus steuerlichen Gründen vor, um seine Bestandshaltepläne umzusetzen. Bei steuerlicher Differenzarbitrage geht ein Anleger eine Plusposition und eine ökonomisch äquivalente Minusposition ein, denen unterschiedliche steuerliche Folgen zugeordnet werden. Die genaue Höhe der Steuerarbitragegewinne muß am Beginn der Anlageperiode nicht feststehen. Steuerlich bedingte Verluste kann man ex ante ausschließen.

Um steuerliche Vorteilhaftigkeitsüberlegungen mit Termingeschäften in Aktienindizes im Rahmen privater Vermögensverwaltung anzustellen, war es zunächst erforderlich, die steuerliche Einordnung verschiedener Zahlungsströme vorzunehmen. Zinseinkünfte aus bonitätsrisikofreien Titeln und Dividendeneinkünfte sind uneingeschränkt zu versteuern. Gewinne und Verluste aus zuerst gekauften Aktien sind innerhalb der Spekulationsfrist von sechs Monaten steuerlich zu berücksichtigen. Spekulationsverluste dürfen nur mit Spekulationsgewinnen verrechnet werden, die ein Anleger im gleichen Kalenderjahr erzielt hat. Spekulationsgewinne und -verluste aus Minuspositionen in Aktien sind unabhängig von einer Spekulationsfrist steuerlich relevant. Hervorzuheben ist, daß Kompensationszahlungen für Wertpapierdarlehen beim Darlehensnehmer auch dann als abziehbare Werbungskosten anerkannt werden sollten, wenn er die entliehenen Stücke am Beginn der Anlageperiode veräußert hat und selbst keine Dividendeneinkünfte erzielt.

Bei Aktienindex-Futures beschränkt sich der Vertragsinhalt auf den Ausgleich einer Preisdifferenz, die zwischen dem Beginn und dem Ende der Anlageperiode eintritt. Der Vertrag beinhaltet nicht die Anschaffung oder die Veräußerung von Wirtschaftsgütern. Steuerpflichtige Spekulationsgeschäfte liegen also bei Futures nicht vor, unabhängig davon, ob am Ende der Anlageperiode die zuerst eingegangene Position bar oder durch eine entgegengesetzte Position ausgeglichen wird. Eine Einordnung des erhaltenen Barausgleichs als steuerpflichtiger Kapitalertrag i.S.d. § 20 Abs. 1 Nr. 7 EStG oder als sonstige Einkünfte i.S.d. § 22 Nr. 3 EStG scheidet ebenfalls aus.

Im weiteren wurde herausgearbeitet, daß ein Anleger an den steuerfreien Zufluß des Barausgleichs ausgleichsarbitrageähnliche und differenzarbitrageähnliche steuerliche Vorteilhaftigkeitsüberlegungen anknüpfen kann. Beispielsweise ist es vorteilhaft, den Kauf von Aktienindex-Futures und die Anlage in bonitätsrisikofreien Finanztiteln dem Kauf von Aktien sowie dem Vereinnahmen von Dividenden vorzuziehen, wenn sich die Erwartung des Anlegers auf steigende Aktienkurse erfüllt. Möglichkeiten zur Steuerarbitrage in dem Sinn, daß der Anleger am Beginn der Anlageperiode steuerlich bedingte Verluste ausschließen kann, waren nicht erkennbar. Das liegt daran, daß die Verluste aus Futures steuerlich irrelevant sind, wenn sich die Kurserwartung des Anlegers nicht erfüllt.

Der Barausgleich aus der Ausübung von Aktienindexkaufoptionen fließt steuerfrei zu. Zwar schafft ein Anleger am Beginn der Anlageperiode immaterielle Wirtschaftsgüter an. Am Ende der Anlageperiode veräußert er diese Wirtschaftsgüter aber nicht. Solange man den Barausgleich nicht als eine Art technisch bedingten fiktiven Verkauf einordnet, der der Veräußerung von Wirtschaftsgütern gleichgestellt ist, liegt kein steuerpflichtiges Spekulationsgeschäft vor. Der Barausgleich läßt sich auch nicht als Kapitalertrag i.S.d. § 20 Abs. 1 Nr. 7 EStG oder unter die sonstigen Einkünfte i.S.d. § 22 Nr. 3 EStG einordnen. Liegt der Wert des Indexportefeuilles am Verfalltag unter dem Basispreis, haben die Kaufoptionen einen Wert von null. Die Optionen verfallen. Die gezahlten Prämien sind steuerlich unbeachtlich. Man kann mit Minuspositionen in Aktienindexkaufoptionen wegen der steuerfreien Vereinnahmung des Barausgleichs und der Nichtabziehbarkeit der gezahlten Prämien arbitrageähnliche steuerliche Vorteilhaftigkeitsüberlegungen vornehmen.

Ein Anleger kann eine Plusposition in Aktienindexkaufoptionen vor dem Verfalltag durch eine Minusposition in Optionen gleicher Serie glattstellen. Damit steuerpflichtige Spekulationsgewinne vorliegen, muß ein erzielter Überschuß das Ergebnis von Leistungsaustauschverträgen über Wirtschaftsgüter sein. Dazu reicht es nach einem rechtskräftigen Urteil des FG Baden-Württemberg vom 11. Februar 1993 aus, wenn angeschaffte und veräußerte Wirtschaftsgüter im wirtschaftlichen Sinn identisch sind. Das ist der Fall, wenn ein Anleger eine Plusposition in Optionen durch eine entgegengesetzte Position in Optionen gleicher Serie ausgleicht, ohne daß er zuvor angeschaffte Wirtschaftsgüter rückveräußert. Im Ergebnis liegen in-

nerhalb der sechsmonatigen Spekulationsfrist steuerpflichtige Spekulationsgeschäfte vor.

Ein Stillhalter bindet sich gegenüber dem Käufer von Aktienindexkaufoptionen an einen Vertrag. Man kann die Prämieneinnahmen
den sonstigen Einkünften aus Leistungen i.s.d. § 22 Nr. 3 EStG
zuordnen. Liegen die Aktienkurse am Verfalltag über dem Basispreis, reduziert die Differenzzahlung des Stillhalters an den Optionsinhaber nicht die steuerliche Bemessungsgrundlage, weil der Staat
die Differenzzahlung als einen Vermögensverlust einordnet, der
nicht zu den abziehbaren Werbungskosten gehört.

In der Literatur finden sich einige Ansätze zur Besteuerung vereinnahmter Optionsprämien, die größtenteils von den Bankenverbän-
den stammen, und sich bisher noch nicht einer finanzrichterlichen
Prüfung unterziehen mußten. Im Ergebnis könnte ein Stillhalter die
Prämien steuerfrei vereinnahmen. Die Umsetzung der Besteuerungs-
vorschläge liegt nicht nur im Interesse der Anleger, die dann vermutlich häufiger Termingeschäfte abschließen würden. Vor allem
profitierten Terminmarktorganisatoren von den höheren Umsätzen.
Besonders verdeutlichen das die Vorteilhaftigkeitsüberlegungen der
Anleger, die entstehen, wenn sich rechtskräftige steuerliche Vorschriften zukünftig an den Eingaben der Bankenverbände orientier-
ten.

Man kann eine offene Minusposition in Optionen vor dem Verfalltag
durch eine Plusposition in Optionen gleicher Serie schließen. Finanzrichterlichen Entscheidungen zufolge liegen keine steuerpflichtigen

Spekulationsgeschäfte vor, bei denen die Veräußerung von Wirtschaftsgütern vor ihrem Erwerb erfolgt, was überrascht, wenn man
bedenkt, daß die Glattstellung einer Plusposition in Optionen durch
eine entgegengesetzte Position innerhalb der Spekulationsfrist zu
einem steuerpflichtigen Spekulationsgeschäft führt. Statt dessen
ordnet der BFH die Prämieneinnahmen sonstigen Einkünften nach §
22 Nr. 3 EStG zu. Die Prämienausgaben werden jedoch nicht als
abziehbare Werbungskosten anerkannt. Das kann zu negativen
Nachsteuerrenditen führen. Man muß abwarten, wie das BMF-
Schreiben vom 10. November 1994, das zu dem Schluß gelangt,
die gezahlten Prämien sollten abziehbar sein, in die Rechtsprechung
einfließen wird.

Die Gegenüberstellung der steuerlichen Folgen von Aktienindex-Futures und vergleichbaren Transaktionen in Aktienindexoptionen ergab, daß steuerliche Ausgleichsarbitrage möglich zu sein scheint.
Futures sind Optionen in jedem Fall vorzuziehen. Allerdings kann
man keine Vorteile aus der Umsetzung steuerlicher Differenzarbitrage mit diesen derivativen Finanzinstrumenten erzielen.

Ein Anleger interessiert sich auch dafür, wie Ergebnisse zeitlich zugeordnet werden. Im Rahmen privater Vermögensverwaltung gilt
das Zufluß- und Abflußprinzip. Sofern Gewinne und Verluste aus
Termingeschäften de lege ferenda steuerlich uneingeschränkt relevant sein sollten, ergäben sich zusätzliche Vorteilhaftigkeitsüberlegungen. Sie beruhen auf dem Prinzip, ökonomisch äquivalente
Plus- und Minuspositionen einzugehen und nach Kursschwankungen die Verluste in einem Veranlagungszeitraum vor den Gewinnen

steuerlich geltend zu machen. Solche Transaktionen kann man mit Aktien schon de lege lata vornehmen. Da es nicht darauf ankommt, in welche Richtung sich die Kurse verändern, um einen Steuervorteil zu erzielen, kann man unter bestimmten Voraussetzungen von steuerlicher Differenzarbitrage sprechen. Vor allem wird daraus deutlich, daß die Beseitigung steuerlicher Asymmetrien bei der Zuordnung der Ergebnisse zu verschiedenen Einkunftsarten und innerhalb einer Einkunftsart die Markteffizienz nicht zwingend steigern muß, wenn dadurch neue Vorteilhaftigkeitsüberlegungen erst ermöglicht werden.

Schlußbetrachtung

Es war das Ziel dieser Arbeit, die Besteuerung von Termingeschäften in Aktienindizes im Rahmen privater Vermögensverwaltung zu
analysieren. Dazu wurde herausgearbeitet, wie Optionen und Futures aus ökonomischer Sicht besteuert werden sollten, und wie der
Staat diese Finanzinstrumente de lege lata steuerlich einordnet.

Ein Ergebnis der Arbeit ist, daß Anleger arbitrageähnliche steuerliche Vorteilhaftigkeitsüberlegungen mit Aktienindex-Futures und Aktienindexoptionen umsetzen können, weil ökonomisch äquivalenten
Anlagealternativen ungleiche steuerliche Folgen zugeordnet werden. Anhaltspunkte für eine Steuerarbitrage sind nur in wenigen
Fällen erkennbar geworden. Vor diesem Hintergrund überrascht es,
daß eine Ansammlung steuerlicher Vorschriften, die sich nicht an
einer erkennbaren ökonomischen Leitlinie orientiert, ausreicht, um
Steuerarbitrage mit Finanzinstrumenten weitgehend zu verhindern.

Wäre Steuerarbitragefreiheit das Beurteilungskriterium für steuerliche Vorschriften, könnte man möglicherweise auf eine normative
Empfehlung verzichten. Weitet man das Beurteilungskriterium auf
die eingangs entwickelte Entscheidungsneutralität aus, läßt sich
festhalten, daß die steuerlichen Rahmenbedingungen nicht ideal
sind. Es gibt Anzeichen dafür, daß Steuern die Rangfolge ökonomisch äquivalenter Anlagealternativen verändern. Die wettbewerb-
liche Überlegenheit einer Anlagealternative kann sich möglicherweise nicht zeigen.

Die bisherige Steuerpraxis, bei Finanzinstrumenten zwischen Einkünften aus Gewerbebetrieb und privater Vermögensverwaltung zu unterscheiden, überzeugt aus ökonomischer Perspektive auch nicht. Die Abgrenzungsmerkmale sind unplausibel. Vieles spricht dafür, daß sie die Markteffizienz reduzieren. Da es sich keine Gesellschaft leisten kann, wichtige Zusammenhänge mit unökonomischen Vorschriften zu regeln, wenn sie im internationalen Wettbewerb einen vorderen Rang einnehmen will, sollte der Staat ersatzlos auf die Abgrenzungsmerkmale verzichten. An ihrer Stelle bietet es sich an, alle Anleger einheitlich nach den idealtypischen ökonomischen Regeln zu besteuern.

Die herausgearbeiteten steuerlichen Anreize und Hemmnisse für den Terminhandel im Rahmen privater Vermögensverwaltung erschweren eine verläßliche und widerspruchsfreie Antwort darauf, ob der Staat Termingeschäfte insgesamt fördert oder behindert. Es besteht zumindest die Gefahr, daß steuerliche Asymmetrien, die den Abschluß von Termingeschäften hemmen, und die zu beobachtende, vermutlich vom Staat bewußt erzeugte steuerliche Unsicherheit wegen ihrer Wirkung als Marktzutrittsbarrieren negative wettbewerbs- und strukturverzerrende Auswirkungen auf den Terminhandel am Finanzplatz Deutschland haben.

Aus diesen Gründen ist die Zeit gekommen, um die Besteuerung von Termingeschäften im Rahmen privater Vermögensverwaltung auf eine neue Grundlage zu stellen. Der Zerlegungsansatz zeigt als Antwort auf die bisherige Steuerpraxis einen Ordnungsrahmen auf, der auf der Idealvorstellung steuerneutraler Märkte beruht und nicht auf Lobbyistenwünsche Rücksicht nehmen muß. Vorschriften auf Grundlage der Modelle gewährleisten, daß ökonomisch äquivalente Anlagealternativen gleich besteuert und einzelne Marktsegmente zumindest nicht benachteiligt werden. Als neue Leitlinie zur Besteuerung von Termingeschäften bietet es sich an, die Besteuerung von Futures und Optionen aus der steuerlichen Einordnung der vergleichbaren Anlagealternativen am Kassamarkt abzuleiten. Dazu werden die Termingeschäfte in ihre Urformen, in vergleichbare Kassamarktinstrumente, zerlegt. Instrumentenbezogene Einzelvorschriften lassen sich so verringern. Das trägt dazu bei, das Steuerchaos zu entwirren und steuerliche Sicherheit zu schaffen.

Um sich steuerneutralen Märkten zu nähern, muß der Staat Asymmetrien beseitigen und die steuerlichen Modellannahmen in Vorschriften umsetzen. Besonders dringlich ist es, die symmetrische Behandlung von Gewinnen und Verlusten aus Kassa- und Termingeschäften, die uneingeschränkte Verrechnung von negativen sonstigen Einkünften mit anderen positiven Einkünften, die gleiche Behandlung zuerst gekaufter und zuerst verkaufter Finanzinstrumente sowie die uneingeschränkte Abziehbarkeit von Schuldzinsen zu gewährleisten.

Damit in der Zukunft keine neuen Schlupflöcher entstehen, ist es aus entscheidungsneutraler Sicht auch erforderlich, ein steuerliches Marking-to-Market dem bisherigen Zufluß- und Abflußprinzip vorzuziehen, es sei denn, alle Ergebnisse wären zukünftig steuerfrei. Anderenfalls ergeben sich Anhaltspunkte für weitere Vorteilhaftigkeitsüberlegungen. So wurde deutlich, daß es sich nicht immer lohnt, steuerliche Asymmetrien zu beseitigen, wenn der Staat dadurch neue Marktineffizienzen schafft. Im Einzelfall könnte das dafür sprechen, vorhandene Asymmetrien beizubehalten.

Zielt man nicht auf eine entscheidungsneutrale Besteuerung von Termingeschäften ab, lassen sich die Steuermodelle für einen anderen Zweck operationalisieren. Hält der Staat es aus börsen-, finanz- oder wirtschaftspolitischer Sicht für erforderlich, Anreize zum Terminhandel zu schaffen, weil er zum Beispiel den Zugang zum transaktionskostengünstigeren Handel für Privatanleger erleichtern oder eine junge Börse im internationalen Wettbewerb mit anderen Finanzplätzen nach vorn bringen will, muß er sogar Möglichkeiten zur Steuerarbitrage schaffen.

Eine präzise Antwort darauf, welche steuerpolitischen Maßnahmen sich zum Erreichen der verschiedenen Ziele eignen, hängt auch von Untersuchungen darüber ab, wie grenzüberschreitende Termingeschäfte deutscher Anleger steuerlich eingeordnet werden, und welche nationalen substanz- und verkehrsteuerlichen Vorschriften zu beachten sind. Die Beantwortung dieser Fragen hätte den Rahmen der Arbeit gesprengt. Es ist allerdings denkbar, die Steuermodelle um zusätzliche Annahmen zu erweitern, die der Besteuerung in anderen Ländern sowie substanz- und verkehrsteuerlichen Aspekten Rechnung tragen.

Ebenfalls blieb kein Raum, um die Komponenten impliziter Steuern zu analysieren, die bei der Umsetzung der Vorteilhaftigkeitsüberlegungen anfallen können. In der Realität entscheiden die wettbewerblichen Rahmenbedingungen für die Marktorganisatoren mit darüber, ob implizite Steuern die Umsetzung steuerlicher Vorteilhaftigkeitsüberlegungen blockieren, und welche Anteile an den Steuervorteilen den Anlegern tatsächlich zufließen. Es klingt vielversprechend, auch solche Fragen, denen ebenfalls im Rahmen der vorliegenden Arbeit nicht nachgegangen werden konnte, zum Gegenstand weiterführender Untersuchungen zu machen.

Literaturverzeichnis

Aatz, Alois (1974)
Die Besteuerung der Wertpapier-Optionsgeschäfte von Privaten. In: Betriebs-Berater, 29. Jg. (1974), S. 879-882.

Agner, Peter (1991)
Gewerbsmäßigkeit im Wertpapierhandel. Referat auf der Konferenz Direkte Bundessteuer 1991 der Eidgenössischen Steuerverwaltung. Bern 1991.

Albach, Horst (1976)
Ungewißheit und Unsicherheit. In: Handwörterbuch der Betriebswirtschaft, Band I/3. Hrsg.: Erwin Grochla und Waldemar Wittmann. 4., völlig neu gest. Aufl., Stuttgart 1976, Sp. 4036-4041.

Arnim, Rainer von (1982)
Differenzgeschäft, Börsentermingeschäft und Einkommensteuer. In: Juristenzeitung, 37. Jg. (1982), S. 843-849.

Arnim, Rainer von (1983)
Die Option im Waren- und Aktienbereich. In: Die Aktiengesellschaft, 28. Jg. (1983), S. 29-49, 67-75.

Auster, Rolf (1988)
Tax planning for securities and options transactions. Chicago, MI 1988.

Bamberg, Günter, und Klaus Röder (1994)
The intraday ex ante profitability of DAX-Futures arbitrage for institutional investors in Germany - The case of early and late transactions. Heft 114/1994 der Arbeitspapiere des Instituts für Statistik und Mathematische Wirtschaftstheorie der Universität Augsburg. Augsburg 1994.

Bamberg, Günter, und Ralf Trost (1995)
Können Privatanleger mit DAX-Futures Steuern sparen? In: Zeitschrift für betriebswirtschaftliche Forschung, 47. Jg. (1995), S. 265-274.

Bank für Internationalen Zahlungsausgleich (1994)
64. Jahresbericht. Basel 1994.

Battle, Frank V., Jr. (1991)
Bifurcation of financial instruments. In: Taxes, Vol. 69
(1991), S. 821-833.

Baumann, Joachim (1992)
Steuerliche Behandlung von im Privatvermögen gehaltenen
Aktien-, Aktienindex- und Währungs-Optionsscheinen. In:
Deutsche Steuer-Zeitung, 80. Jg. (1992), S. 321-325.

Beckmann, Reinhard (1993)
Termingeschäfte und Jahresabschluß. Die Abbildung von
Termingeschäften im handels- und steuerrechtlichen Jahres-
abschluß der Unternehmung de lege lata et de lege ferenda.
Köln 1993.

Bender, Dieter (1977)
Arbitrage. In: Handwörterbuch der Wirtschaftswissenschaft.
Erster Band. Hrsg.: Willi Albers et al., Stuttgart 1977, S.
325-333.

Bernheim, B. Douglas (1991)
Comments on "Repackaging ownership rights and multina-
tional taxation: The case of withholding taxes" by Myron S.
Scholes and Mark A. Wolfson. In: Journal of Accounting,
Auditing & Finance, Vol. 6 (1991), S. 533-537.

Black, Fischer (1976)
The pricing of commodity contracts. In: Journal of Financial
Economics, Vol. 3 (1976), S. 167-179.

Black, Fischer (1989)
How to use the holes in Black-Scholes. In: Auftrieb für den
Finanzplatz Deutschland durch die DTB? Hrsg.: Frankfurter
Allgemeine Zeitung GmbH Informationsdienste und Dresdner
Bank AG. Frankfurt am Main 1989, S. 78-85.

Black, Fischer, und Myron S. Scholes (1973)
The pricing of options and corporate liabilities. In: Journal of
Political Economy, Vol. 81 (1973), S. 637-654.

Bookstaber, Richard M. (1991)
Option pricing and investment strategies. 3. Aufl., London 1991.

Brealey, Richard A., und Stewart C. Myers (1991)
Principles of corporate finance. 4. Aufl., New York, NY 1991.

Breker, Norbert (1993)
Optionsrechte und Stillhalterverpflichtungen im handelsrechtlichen Jahresabschluß. Düsseldorf 1993.

Brennan, Geoffrey, und Thomas McGuire (1975)
Optimal policy choice under uncertainty. In: Journal of Public Economics, Vol. 4 (1975), S. 205-209.

Breuer, Ralf, und Martin Skaruppe (1992)
Bankkalkulation als Marktproblem. Die konsequente Duplizierung als Ausgangspunkt für die Weiterentwicklung der Marktzinsmethode. Mitteilung Nr. 82 aus dem Bankseminar der Rheinischen Friedrich-Wilhelms-Universität. Bonn 1992.

Bullinger, Michael, und Jürgen Radke (1994)
Handkommentar zum Zinsabschlag. Unter Mitarbeit von Rosemarie Draschil. Düsseldorf 1994.

Burnham, David (1990)
A law unto itself. Power, politics, and the IRS. New York, NY 1990.

Burns, Joseph M. (1982)
Electronic trading in futures markets. In: Financial Analysts Journal, Vol. 38 (1982), January/February, S. 33-41.

Chance, Don M. (1991)
An introduction to options and futures. 2. Aufl., Fort Worth, TX 1991.

Charlier, Rudolf (1993)
Das Zu- und Abflußprinzip des § 11 EStG im Wandel? In: Neue Wirtschafts-Briefe (Loseblatt). 48. Aufl., Herne und Berlin 1993 ff., Blickpunkt Steuern 10/93, S. 3897-3900.

Cnossen, Sijbren, und Richard M. Bird (1990)
The personal income tax. Phoenix from the ashes? Amsterdam 1990.

Conlon, Steven D., Peter J. Connors und Mary Sue Butch (1991)
Contingent debt instruments are "divided and conquered" under the new OID proposed regs. In: The Journal of Taxation, Vol. 75 (1991), S. 46-52.

Copeland, Thomas E., und J. Fred Weston (1988)
Financial theory and corporate policy. 3. Aufl., Reading, MA 1988.

Cornell, Bradford (1985)
Taxes and the pricing of stock index futures: Empirical results. In: The Journal of Futures Markets, Vol. 5 (1985), S. 89-101.

Cornell, Bradford, und Kenneth R. French (1983a)
Taxes and the pricing of stock index futures. In: The Journal of Finance, Vol. 38 (1983), S. 675-694.

Cornell, Bradford, und Kenneth R. French (1983b)
The pricing of stock index futures. In: The Journal of Futures Markets, Vol. 3 (1983), S. 1-14.

Cornell, Bradford, und Marc R. Reinganum (1981)
Forward and futures prices: Evidence from the foreign exchange markets. In: The Journal of Finance, Vol. 36 (1981), S. 1035-1045.

Courtney, David (1992)
Derivatives trading in Europe. London 1992.

Cox, John C., und Mark Rubinstein (1985)
Options markets. Englewood Cliffs, NJ 1985.

Cox, John C., Jonathan E. Ingersoll, Jr., und Stephen A. Ross (1981)
The relationship between forward prices and futures prices. In: Journal of Financial Economics, Vol. 9 (1981), S. 321-346.

Cox, John C., Stephen A. Ross und Mark Rubinstein (1979)
Option pricing: A simplified approach. In: Journal of Financial Economics, Vol. 7 (1979), S. 229-264.

Dahm, Johannes, und Rolfjosef Hamacher (1994)
Neues Einkommensteuerrecht für moderne Finanzinstrumente. In: Wertpapier-Mitteilungen, Teil IV, 48. Jg. (1994), Sonderbeilage 3.

Dailey, Richard R. (1981)
Commodity straddles in retrospect: Federal income tax considerations. In: Brooklyn Law Review, Vol. 47 (1981), S. 313-357.

Daube, Carl Heinz (1993)
Marketmaker in Aktienoptionen an der Deutschen Terminbörse. Band 6 der Schriftenreihe des Instituts für Geld- und Kapitalverkehr der Universität Hamburg. Hrsg.: Hartmut Schmidt. Wiesbaden 1993.

Debreu, Gerard (1975)
Theory of value. An axiomatic analysis of economic equilibrium. New Haven, CT 1975.

Degner, Harald (1970)
Optionshandel - Glücksspiel oder Kunstspiel? In: Die Aktiengesellschaft, 15. Jg. (1970), S. 253-255.

Dennis-Escoffier, Shirley, und Karen A. Fortin (1990)
Avoiding wash sale treatment on options. In: Journal of Taxation of Investments, Vol. 7 (1990), S. 114-124.

Deutsche Bundesbank (1993)
Bilanzunwirksame Geschäfte deutscher Banken. In: Deutsche Bundesbank Monatsberichte, 45. Jg. (1993), Nr. 10, S. 47-69.

DKV (1990)
Bedingungen für Wertpapier-Leihgeschäfte der Deutscher Kassenverein Aktiengesellschaft. Frankfurt am Main 1990.

Dörge, Andreas (1992)
　　Rechtliche Aspekte der Wertpapierleihe. Band 81 der Unter-
　　suchungen über das Spar-, Giro- und Kreditwesen, Abteilung
　　B: Rechtswissenschaft. Hrsg.: Walther Hadding und Uwe H.
　　Schneider. Berlin 1992.

Drenseck, Walter (1994)
　　Kommentar zu § 9 EStG. In: Einkommensteuergesetz-Kom-
　　mentar. Hrsg.: Ludwig Schmidt. 13., völlig neubearb. Aufl.,
　　München 1994.

Droste, Klaus D. (1991)
　　Perspektiven des deutschen Geldmarktes. In: Zeitschrift für
　　Bankrecht und Bankwirtschaft, 3. Jg. (1991), S. 1-6.

Drukarczyk, Jochen (1980)
　　Finanzierungstheorie. München 1980.

Drukarczyk, Jochen (1993)
　　Theorie und Politik der Finanzierung. 2., völlig neugest. Aufl.,
　　München 1993.

DTB (1990a ff.)
　　Bedingungen für den Handel an der Deutschen Terminbörse
　　v. 20. November 1989, zuletzt geändert durch Beschluß des
　　Börsenvorstandes v. 18. Mai 1994 mit Wirkung v. 1. Juli
　　1994. In: DTB-Regelwerk v. 13. Januar 1990 (Loseblatt).
　　Hrsg.: DTB Deutsche Terminbörse. Frankfurt am Main 1990
　　ff. Stand: Ergänzungslieferung v. Juni 1994.

DTB (1990b ff.)
　　Clearing-Bedingungen für den Handel an der Deutschen Ter-
　　minbörse v. 20. November 1989, zuletzt geändert durch
　　Beschluß der DTB Deutsche Terminbörse GmbH v. 1. März
　　1994 mit Wirkung v. 11. März 1994. In: DTB-Regelwerk v.
　　13. Januar 1990 (Loseblatt). Hrsg.: DTB Deutsche Termin-
　　börse. Frankfurt am Main 1990 ff. Stand: Ergänzungsliefe-
　　rung v. Juni 1994.

DTB (1990c ff.)
Börsenordnung für die Deutsche Terminbörse v. 20. November 1989, zuletzt geändert durch Beschluß des Börsenvorstandes v. 18. Mai 1994. In: DTB-Regelwerk v. 13. Januar 1990 (Loseblatt). Hrsg.: DTB Deutsche Terminbörse. Frankfurt am Main 1990 ff. Stand: Ergänzungslieferung v. Juni 1994.

DTB (1993)
Risk Based Margining. Hrsg.: DTB Deutsche Terminbörse. Frankfurt am Main 1993.

Dybvig, Philip H., und Stephen A. Ross (1992)
Arbitrage. In: The New Palgrave. Dictionary of Money and Finance, Vol. 1. Hrsg.: P. Newman et al. London 1992, S. 43-50.

Ebenroth, Carsten Thomas, und Dorothee Einsele (1988)
Rechtliche Hindernisse auf dem Weg zur "Goffex". In: Zeitschrift für Wirtschaftsrecht, 9. Jg. (1988), S. 205-220.

Edwards, Franklin R., und Cindy W. Ma (1992)
Futures and options. New York, NY 1992.

Ehmcke, Thorsten (1991 ff.)
Kommentar zu § 3 a EStG. In: Blümich. Einkommensteuergesetz, Körperschaftsteuergesetz, Gewerbesteuergesetz. Kommentar (Loseblatt). Hrsg.: Klaus Ebling u. Wolfgang Freericks. 14. Aufl., München 1991 ff. Stand: 46. Ergänzungslieferung v. April 1994.

Elschen, Rainer (1989)
Institutionale oder personale Besteuerung von Unternehmensgewinnen? Band 7 der Schriften zum Steuer-, Rechnungs- und Prüfungswesen. Hrsg.: Lothar Haberstock et al. Hamburg 1989.

Elschen, Rainer (1991)
Entscheidungsneutralität, Allokationseffizienz und Besteuerung nach der Leistungsfähigkeit. Gibt es ein gemeinsames Fundament der Steuerwissenschaften? In: Steuer und Wirtschaft, 68. (21.) Jg. (1991), S. 99-115.

Elschen, Rainer, und Michael Hüchtebrock (1983)
Steuerneutralität in Finanzwissenschaft und Betriebswirt-
schaftslehre - Diskrepanzen und Konsequenzen. In: Finanz-
archiv, 41. Jg. (1983), S. 253-280.

Elton, Edwin J., Martin J. Gruber und Joel Rentzler (1984)
The ex-dividend day behavior of stock prices; A re-exami-
nation of the clientele effect: A comment. In: The Journal of
Finance, Vol. 39 (1984), S. 551-556.

Emmel, Drew M. (1989)
Wash sales and stock options: How does the "substantially
identical" rule apply? In: The Tax Lawyer, Vol. 42 (1989), S.
1073-1088.

Etkind, Steven (1989)
Wash sale rules are extended to option losses but planning
can avoid the deferral. In: Taxation for Accountants, Vol. 42
(1989), S. 148-150.

Evans, Marianne (1988)
Industry and service grappling with questions arising from
new financial products. In: Tax Notes, Vol. 40 (1988), S.
1502-1503.

Evans, Richard W. (1982)
The tax straddle cases. In: Duke Law Journal, Vol. 1982, S.
114-145.

Figlewski, Stephen (1989)
Options arbitrage in imperfect markets. In: The Journal of
Finance, Vol. 44 (1989), S. 1289-1311.

Fisher, Irving (1937)
Income in theory and income taxation in practice. In: Eco-
nometrica, Vol. 5 (1937), S. 1-55.

Franke, Jörg (1991)
Die Deutsche Terminbörse nach fast zwei Jahren Handel. In:
Der Betrieb, 44. Jg. (1991), Beilage 13, S. 11.

Franke, Jörg, und Christian Imo (1990)
Anlegerschutz an der Deutschen Terminbörse. In: Zeitschrift für Bankrecht und Bankwirtschaft, 2. Jg. (1990), S. 104-113.

French, Kenneth R. (1983)
A comparison of futures and forward prices. In: Journal of Financial Economics, Vol. 12 (1983), S. 311-342.

Giersch, Herbert, und Hartmut Schmidt (1986)
Offene Märkte für Beteiligungskapital: USA - Großbritannien - Bundesrepublik Deutschland. Eine Studie anläßlich des 125jährigen Jubiläums der Baden-Württembergischen Wertpapierbörse zu Stuttgart. Stuttgart 1986.

Glenk, Heinrich (1991 ff.)
Kommentar zu § 23 EStG. In: Blümich. Einkommensteuergesetz, Körperschaftsteuergesetz, Gewerbesteuergesetz. Kommentar (Loseblatt). Hrsg.: Klaus Ebling u. Wolfgang Freericks. 14. Aufl., München 1991 ff. Stand: 46. Ergänzungslieferung v. April 1994.

Greising, David, und Laurie Morse (1991)
Brokers, bagmen, and moles. New York, NY 1991.

Group of Thirty Global Derivatives Study Group (1993)
Derivatives: Practices and Principles. Washington, DC 1993.

Grünewald, Andreas (1993)
Finanzterminkontrakte im handelsrechtlichen Jahresabschluß - Ansatz, Bewertung und Ausweis von Zinstermin- und Aktienindexterminkontrakten -. Schriften des Instituts für Revisionswesen der Westfälischen Wilhelms-Universität Münster. Hrsg.: J. Baetge. Düsseldorf 1993.

Häuselmann, Holger (1993)
Die Verlagerung von Einkunftsquellen beim Kapitalvermögen. In: Neue Wirtschafts-Briefe (Loseblatt). 48. Aufl., Herne und Berlin 1993 ff., Fach 3, S. 8707-8712.

Häuselmann, Holger, und Thomas Wiesenbart (1990a)
Die Bilanzierung und Besteuerung von Wertpapier-Leihgeschäften. In: Der Betrieb, 43. Jg. (1990), S. 2129-2134.

Häuselmann, Holger, und Thomas Wiesenbart (1990b)
Produkte der Deutschen Terminbörse. Die Besteuerung von Optionen und Futures. Frankfurt am Main 1990.

Häuselmann, Holger, und Thomas Wiesenbart (1990c)
Steuerliche Behandlung von Geschäften an der Deutschen Terminbörse (DTB). In: Neue Wirtschafts-Briefe (Loseblatt). 48. Aufl., Herne und Berlin 1993 ff., Fach 3, S. 7267-7278.

Häuser, Franz, und Reinhard Welter (1990a)
Rechtsentwicklung und wirtschaftliche Bedeutung der Börsentermingeschäfte. In: Handbuch des Kapitalanlagerechts. Hrsg.: Heinz-Dieter Assmann und Rolf A. Schütze. München 1990, S. 407-416.

Häuser, Franz, und Reinhard Welter (1990b)
Rechtlicher Regelungsrahmen der Börsentermingeschäfte. In: Handbuch des Kapitalanlagerechts. Hrsg.: Heinz-Dieter Assmann und Rolf A. Schütze. München 1990, S. 417-526.

Hamacher, Rolfjosef (1989)
Geschäfte an der DTB steuerlich (I): Einkommensteuer im Privatbereich. In: Die Bank, 28. Jg. (1989), S. 507-514.

Hamacher, Rolfjosef (1990a)
Geschäfte an der DTB steuerlich (III): Die Wertpapierleihe. In: Die Bank, 29. Jg. (1990), S. 34-40.

Hamacher, Rolfjosef (1990b)
Steuerrechtliche Fragen der Geschäfte an der Deutschen Terminbörse. In: Wertpapier-Mitteilungen, Teil IV, 44. Jg. (1990), S. 1441-1450.

Hamacher, Rolfjosef (1991)
Innovative Finanzinstrumente - Neue steuerrechtliche Entwicklungen -. In: Wertpapier-Mitteilungen, Teil IV, 45. Jg. (1991), S. 1661-1666.

Hamacher, Rolfjosef (1993)
Finanzinnovationen und Zinsabschlag. In: Steuerliche Viertel-jahresschrift, 5. Jg. (1993), S. 12-31.

Hamada, Robert S., und Myron S. Scholes (1985)
Taxes and corporate financial management. In: Recent advances in corporate finance. Hrsg.: Edward I. Altman u. Marti G. Subrahmanyam. Homewood, IL 1985, S. 187-226.

Harenberg, Friedrich E., und Gisbert Irmer (1994)
Die Besteuerung privater Kapitaleinkünfte nach dem StMBG. In: Neue Wirtschafts-Briefe (Loseblatt). 48. Aufl., Herne und Berlin 1993 ff., Fach 3, S. 8967-8984.

Hariton, David P. (1991)
More on bifurcation of contingent debt. In: Tax Notes, Vol. 43 (1991), S. 1075-1076.

Hartung, Klaus Joachim (1989)
Das Wertpapieroptionsgeschäft in der Bundesrepublik Deutschland. Band 56 der Untersuchungen über das Spar-, Giro- und Kreditwesen, Abteilung B: Rechtswissenschaft. Hrsg.: Walther Hadding und Uwe H. Schneider. Berlin 1989.

Harvey, Campbell R., und Robert E. Whaley (1992)
Dividends and S & P 100 index option valuation. In: The Journal of Futures Markets, Vol. 12 (1992), S. 123-137.

Heaton, Hal (1986)
Options and tax clienteles. In: Advances in Futures and Options Research, Vol. 1, Part A. Hrsg.: F. J. Fabozzi. Greenwich, CT 1986, S. 167-179.

Heinicke, Wolfgang (1994)
Kommentar zu §§ 1, 20, 22, 23 EStG. In: Einkommensteuergesetz-Kommentar. Hrsg.: Ludwig Schmidt. 13., völlig neubearb. Aufl., München 1994.

- 218 -

Herrmann, Carl, Gerhard Heuer und Arndt Raupach (1992 ff.)
Herrmann/Heuer/Raupach. Einkommensteuer- und Körperschaftsteuergesetz mit Nebengesetzen (Loseblatt). Kommentar. Hrsg.: Arndt Raupach et al. 20. Aufl., Köln 1992 ff.
Stand: 175. Ergänzungslieferung v. Mai 1994.

Heuer, Heiko (1992)
Ertragsbesteuerung aktienbezogener Einkünfte im Privatvermögen. In: Steuer und Wirtschaft, 69. (22.) Jg. 1992, S.
313-332.

Hodges, Stewart D., Michael J. P. Selby, Les J. Clewlow, Chris R.
Strickland und Xinzhong G. Xu (1992)
Recent developments in derivative securities: 20 years on
from Black and Scholes. In: Financial Markets, Institutions &
Instruments, Vol. 1 (1992), S. 41-61.

Holt, Charles C., und John P. Shelton (1961)
The implications of the capital gains tax for investment deci-
sions. In: The Journal of Finance, Vol. 16 (1961), S. 559-
580.

Holt, Charles C., und John P. Shelton (1962)
The lock-in effect of the capital gains tax. In: National Tax
Journal, Vol. 15 (1962), S. 337-352.

Hughes, John S. (1978)
Toward a contract basis of valuation in accounting. In: The
Accounting Review, Vol. 53 (1978), S. 882-894.

IRS (1991)
Commodity and financial products training for the coordina-
ted examination program. Washington, DC 1991.

Jansen, Rudolf (1992 ff.)
Kommentar zu §§ 22, 23 EStG. In: Herrmann/Heuer/Rau-
pach. Einkommensteuer- und Körperschaftsteuergesetz mit
Nebengesetzen. Kommentar (Loseblatt). Hrsg.: Arndt Raupach et al. 20. Aufl., Köln 1992 ff. Stand: 175. Ergänzungslieferung v. Mai 1994.

Janßen, Birgit, und Bernd Rudolph (1992)
Der Deutsche Aktienindex DAX. Konstruktion und Anwendungsmöglichkeiten. Frankfurt am Main 1992.

Janssen, Stefan (1994)
Kontraktdesign und Kontrakterfolg von Financial Futures. Band 8 der Schriftenreihe des Instituts für Geld- und Kapitalverkehr der Universität Hamburg. Hrsg.: Hartmut Schmidt. Wiesbaden 1994.

Jarrow, Robert A., und George S. Oldfield (1981)
Forward contracts and futures contracts. In: Journal of Financial Economics, Vol. 9 (1981), S. 373-382.

Jung, Jürgen (1991a)
Die Abgrenzung zwischen privater Vermögensverwaltung und Gewerblichkeit bei Wertpapier- bzw. Bankgeschäften. In: Neue Wirtschafts-Briefe (Loseblatt). 48. Aufl., Herne und Berlin 1993 ff., Blickpunkt Steuern 10/91, S. 3255-3258.

Jung, Jürgen (1991b)
Optionsgeschäfte und Einkommensteuer bei Privatanlegern: Die Diskussion bleibt brisant. In: DTB Dialog, 2. Jg. (1991), Heft 2, S. 12-14.

Jung, Jürgen (1992)
Einkommensteuerliche Behandlung von erhaltenen Optionsprämien. In: Neue Wirtschafts-Briefe (Loseblatt). 48. Aufl., Herne und Berlin 1993 ff., Fach 3, S. 8195-8202.

Jung, Jürgen (1994)
Überblick über das Zinsabschlaggesetz und Besteuerung von internationalen Finanzinnovationen. In: Wirtschaftsstandort Deutschland im Internationalen Steuerrecht. Band 5 der Reihe Forum der Internationalen Besteuerung. Hrsg.: Lutz Fischer. Köln 1994, S. 59-87.

Jung, Jürgen, und Claudia Mack (1993)
Steuerliche Aspekte einzelner Finanzinstrumente. In: Modernes Bondmanagement. Hrsg.: Roland Eller et al. Wiesbaden 1993, S. 307-334.

Jung, Jürgen, und Norbert Nüchter (1992)
Zinsabschlag. Nr. 12 der Schriftenreihe Banken und Kapitalmarkt der Arthur Andersen & Co. G.m.b.H. Wirtschaftsprü-
fungsgesellschaft Steuerberatungsgesellschaft. Frankfurt am
Main 1992.

Jung, Jürgen, und Ulf Redanz (1993a)
Zur Besteuerung der DTB-Geschäfte von Privatanlegern im
Gewerbebetrieb und in der privaten Vermögensverwaltung.
In: Zeitschrift für Bankrecht und Bankwirtschaft, 5. Jg.
(1993), S. 68-89. Zugleich Nr. 14 der Schriftenreihe Banken
und Kapitalmarkt der Arthur Andersen & Co. G.m.b.H. Wirt-
schaftsprüfungsgesellschaft   Steuerberatungsgesellschaft.
Frankfurt am Main 1993.

Jung, Jürgen, und Ulf Redanz (1993b)
Bei Termingeschäften auch auf die Steuern achten. In: Blick
durch die Wirtschaft Nr. 137 v. 20. Juli 1993, S. 3.

Jung, Jürgen, und Ulf Redanz (1993c)
Steuerliche Überlegungen bestimmen das Verhalten der
Kapitalanleger. In: Handelsblatt Nr. 184 v. 23. September
1993, S. B7.

Jung, Jürgen, und Helmut Schmekel (1991)
Futures. Grundsätze der Rechnungslegung für Kreditinstitute.
Hrsg.: DTB Deutsche Terminbörse. Frankfurt am Main 1991.

Jurgeit, Ludwig (1989)
Bewertung von Optionen und bonitätsrisikobehafteten Fi-
nanztiteln. Anleihen, Kredite und Fremdfinanzierungsfazilitä-
ten. Band 1 der Schriftenreihe des Instituts für Geld- und
Kapitalverkehr der Universität Hamburg. Hrsg.: Hartmut
Schmidt. Wiesbaden 1989.

Jurgeit, Ludwig (1990)
Modelle zur Bewertung von Aktienoptionen - Systematik und
Übersicht. In: Zeitschrift für Bankrecht und Bankwirtschaft,
2. Jg. (1990), S. 118-127.

Jutz, Manfred (1989)
Swaps und Financial Futures und ihre Abbildung im Jahres-
abschluß. Band 5 der Schriften zur Bilanz- und Steuerlehre.
Hrsg.: Karlheinz Küting und Günter Wöhe. Stuttgart 1989.

Kaligin, Thomas (1987)
(Nicht-) Besteuerung des Profispekulantentums. In: Deutsche
Steuer-Zeitung, 75. Jg. (1987), S. 183-185.

Kaplanis, Costas P. (1986)
Options, taxes, and ex-dividend day behavior. In: The Journal of Finance, Vol. 41 (1986), S. 411-424.

Kau, Randall K. C. (1990)
Carving up assets and liabilities - integration or bifurcation of
financial products. In: Taxes, Vol. 68 (1990), S. 1003-1014.

Kennedy, James F. (1974)
Selecting the off-beat investments: Puts, calls, straddles,
warrants, commodity futures and other exotica. 32nd Annu-
al N.Y.U. Institute of Federal Taxation 1974. New York, NY
1974, S. 1093-1116.

Kimball, Christian E. (1991)
Taxing uncertainty: Warrants and convertible debt in private
taxable acquisitions. In: Taxes, Vol. 69 (1991), S. 866-881.

Klein, Franz, und Gerd Orlopp (1989)
Abgabenordnung - einschließlich Steuerstrafrecht -. Kommentar. 4., völlig neubearb. Aufl., München 1989.

Kleinbard, Edward D. (1989)
Beyond good and evil debt (and debt hedges): A cost of
capital allowance system. In: Taxes, Vol. 67 (1989), S. 943-
961.

Kleinbard, Edward D. (1991)
Equity derivative products: Financial innovation's newest
challenge to the tax system. In: Texas Law Review, Vol. 69
(1991), S. 1319-1368.

Kleinbard, Edward D. (1992)
    What's new with new financial products? Memorandum.
    Hrsg.: Cleary, Gottlieb, Steen & Hamilton. New York, NY
    1992.

Kleinbard, Edward D., und Suzanne F. Greenberg (1988)
    Business hedges after arkansas best. In: Tax Law Review,
    Vol. 43 (1988), S. 393-446.

Knobbe-Keuk, Brigitte (1993)
    Sind aller guten Dinge drei? In: Ertragsbesteuerung. Fest-
    schrift für Ludwig Schmidt zum 65. Geburtstag. Hrsg.: Arndt
    Raupach und Adalbert Uelner. München 1993, S. 741-749.

Kramer, Andrea S. (1983)
    Taxation of new financial products. In: Barrister, Vol. 10
    (1983), S. 39-45.

Kramer, Andrea S. (1991)
    Financial products. Taxation, regulation, and design. Volume
    1 and Volume 2. New York, NY 1991.

Krümmel, Hans-Jacob (1964)
    Kursdisparitäten im Bezugsrechtshandel. In: Betriebswirt-
    schaftliche Forschung und Praxis, 16. Jg. (1964), S. 485-
    498.

Krümmel, Hans-Jacob (1984)
    Börsen und Börsengeschäfte. In: Handwörterbuch der Be-
    triebswirtschaft. Hrsg.: Erwin Grochla und Waldemar Witt-
    mann. Vierte, völlig neugestaltete Aufl., Stuttgart 1984, Sp.
    969-986.

Kümpel, Siegfried (1990)
    Die Grundstruktur der Wertpapierleihe und ihre rechtlichen
    Aspekte. In: Wertpapier-Mitteilungen, Teil IV, 44. Jg.
    (1990), S. 909-916.

Kümpel, Siegfried (1991)
    Sonderbedingungen für Börsentermingeschäfte - Kurzkom-
    mentar -. In: Wertpapier-Mitteilungen, Teil IV, 45. Jg.
    (1991), Sonderbeilage 1/1991.

Lang, Joachim (1988)
Abgrenzung betrieblicher Einkunftsarten von der privaten Vermögensverwaltung. In: Steuerberaterkongreß-Report 1988. Hrsg.: Bundessteuerberaterkammer. München 1988, S. 49-69.

Levy, Bruce M. (1981)
An analysis of the commodity straddle as tax planning device. In: Taxes, Vol. 59 (1981), S. 467-481.

Lipsey, R. G., und Kelvin Lancaster (1956/57)
The general theory of second best. In: The Review of Economic Studies, Vol. 24 (1956/57), S. 11-32.

Loistl, Otto, und Martin Kobinger (1993)
Index-Arbitrage insbesondere mit DAX-Futures. 2., korrigierte Aufl. Nr. 28 der Beiträge zur Wertpapieranalyse der Deutsche Vereinigung für Finanzanalyse und Anlageberatung. Dreieich 1993.

London Futures and Options Markets (1989)
The need for change now. The taxation barriers to the development of the London derivative markets. London 1989.

Mauritz, Peter (1995)
Derivative Finanzinstrumente beim Privatanleger - Steuerliche Behandlung und Überlegungen zur Steuerplanung. In: Der Betrieb, 48. Jg. (1995), S. 698-704.

McCawley, Harrison B. (1990 ff.)
Transactions in stock, securities and other financial instruments. 184-4th Tax Management Portfolio (Loseblatt). Washington, DC 1990 ff.

McInnes, W. M., P. R. Draper und A. P. Marshall (1991)
Accounting for convertible loan stock: A decomposition approach. In: Accounting and Business Research, Vol. 21 (1991), S. 253-263.

Meier, Norbert (1985)
Sind Einkünfte aus privaten Devisentermingeschäften steuerlich irrelevant? In: Finanz-Rundschau, 67. Jg. (1985), S.
610-612.

Meincke, Jens Peter (1988 ff.)
Kommentar zu § 3 a EStG. In: Littmann, Bitz, Meincke. Das
Einkommensteuerrecht. Kommentar zum Einkommensteuergesetz (Loseblatt). Hrsg.: Horst Bitz und Peter Hellwig. 15.,
völlig neubearb. Aufl., Stuttgart 1988 ff. Stand: 16. Ergänzungslieferung v. April 1993.

Merton, Robert C. (1973)
Theory of rational opting pricing. In: The Bell Journal of
Economics and Management Science, Vol. 4 (1973), S. 141-
183.

Miller, Merton H. (1989)
Equilibrium relations between cash markets and future markets. In: Auftrieb für den Finanzplatz Deutschland durch die
DTB? Hrsg.: Frankfurter Allgemeine Zeitung GmbH Informationsdienste und Dresdner Bank AG. Frankfurt am Main
1989, S. 52-60.

Miller, Merton H. (1991)
Financial innovations and market volatility. Cambridge, MA
1991.

Miltz, D., P. Sercu und J. Depoorter (1991)
Accounting for new financial instruments. Working Paper
91-04. European Institute for Advanced Studies in Management. Brüssel 1991.

Müller, Jürgen, und Ingo Vogelsang (1979)
Staatliche Regulierung: regulated industries in den USA und
Gemeinwohlbindung in wettbewerblichen Ausnahmeberei-
chen in der Bundesrepublik Deutschland. Baden-Baden 1979.

O'Brien, Thomas J. (1988)
How option replicating portfolio insurance works: Expanded details. New York University Leonard N. Stern School of Business Monograph Series in Finance and Economics, Monograph 1988-4. New York, NY 1988.

OECD (1992)
Taxation of new financial instruments. Hrsg.: Organization for Economic Co-operation and Development. Committee on Fiscal Affairs. Paris 1992.

Oestreicher, Andreas (1992)
Grundsätze ordnungsmäßiger Bilanzierung von Zinstermin-kontrakten. Das Prinzip der Einzelbewertung bei funktional verknüpften Finanzgeschäften. Düsseldorf 1992.

Oho, Wolfgang, und Rüdiger v. Hülst (1992)
Steuerrechtliche Aspekte der Wertpapierleihe und des Repo-Geschäfts. In: Der Betrieb, 45. Jg. (1992), S. 2582-2587.

O. Verf. (1992)
Längere Laufzeiten bei DTB-Aktienoptionen: Steuerlicher Vorteil für den Privatanleger. In: DTB Dialog, 3. Jg. (1992), Heft 1, S. 17.

O. Verf. (1993a)
DTB-Geschäfte und deren ertrag- und substanzsteuerliche Behandlung bei Privatanlegern im Rahmen eines Gewerbebetriebes oder privater Vermögensverwaltung. In: Wertpapier-Mitteilungen, Teil VI, 4. Jg. (1993), S. 524-525.

O. Verf. (1993b)
DTB führt Future auf Dreimonats-DM-Zins ein. In: Börsen-Zeitung Nr. 229 v. 1. Dezember 1993, S. 3.

Pareto, Vilfredo (1972)
Manual of political economy. London 1972.

Park, Hun Y., und Andrew H. Chen (1985)
Difference between futures and forward prices: A further investigation of the marking-to-market effect. In: The Journal of Futures Markets, Vol. 5 (1985), S. 77-88.

Plötz, Georg (1991)
Optionsmarkt-Ansätze. Bewertungsprobleme börsennotierter Optionen. Wiesbaden 1991.

Posner, Richard A. (1974)
Theories of economic regulation. In: The Bell Journal of Economics and Management Science, Vol. 5 (1974), S. 335-358.

Puckler, Godehard (1990)
Steuerliche und bilanzielle Aspekte von Options- und Futu-res-Geschäften. In: Optionen und Futures. Hrsg.: H. Göppl et al. Frankfurt am Main 1990, S. 141-156.

Remolona, Eli M. (1992/93)
The recent growth of financial derivative markets. In: Federal Reserve Bank of New York Quarterly Review, Vol. 17 (1992/93), No. 4, S. 28-43.

Rendleman, Richard J., Jr., und Christopher E. Carabini (1979)
The efficiency of the treasury bill futures market. In: The Journal of Finance, Vol. 34 (1979), S. 895-914.

Richard, Scott F., und M. Sundaresan (1981)
A continuous time equilibrium model of forward prices and future prices in a multigood economy. In: Journal of Financial Economics, Vol. 9 (1981), S. 347-371.

Rönitz, Dieter (1980)
Ertragsbesteuerung von Optionsrechten. In: Jahrbuch der Fachanwälte für Steuerrecht 1980/81. Hrsg.: Deutsches Anwaltsinstitut e.V., Herne und Berlin 1980, S. 38-59.

Rose, Gerd (1992)
Betriebswirtschaftliche Steuerlehre. Eine Einführung für Fortgeschrittene. 3., vollst., überarb. u. aktual. Aufl., Wiesbaden 1992.

Rose, Manfred (1992)
Reform der Besteuerung des Sparens und der Kapitaleinkommen. In: Betriebs-Berater, 47. Jg. (1992), Beilage 5 zu Heft 10.

Ross, Stephen A. (1989)
Institutional markets, financial marketing, and financial innovation. In: The Journal of Finance, Vol. 44 (1989), S. 541-
556.

Rubinstein, Mark, und Hayne E. Leland (1981)
Replicating options with positions in stock and cash. In:
Financial Analysts Journal, Vol. 37 (1981), July/August, S.
63-72.

Rudnick, Robert A., und Linda E. Carlisle (1984)
Proposed change in the taxation of exchange-traded investment vehicles. In: Journal of Taxation of Investments, Vol.
2 (1984), S. 144-154.

Rüskamp, Detlef (1991)
Besteuerung der Einkünfte aus privaten Aktienoptionsge-
schäften an der Deutschen Terminbörse. In: Der Betrieb, 44.
Jg. (1991), S. 1243-1247.

Säuberli, Johannes (1989)
Die Besteuerung der Transaktionen an den schweizerischen
Effektenbörsen und an der Soffex nach dem Recht der direk-
ten Bundessteuer, der Verrechnungssteuer und der Stempel-
abgaben, insbesondere aus der Sicht der privaten Anleger.
Band 919 der Reihe II der Europäischen Hochschulschriften.
Bern 1989.

Scharpf, Paul (1991)
DTB - Deutsche Terminbörse Aktienoptionen. Darstellung,
Bilanzierung und Besteuerung. Düsseldorf 1991.

Scheurle, Florian (1994)
Mißbrauchsbekämpfungs-und Steuerbereinigungsgesetz:Än-
derungen der Besteuerung von Kapitaleinkünften (Teil I). In:
Der Betrieb, 47. Jg. (1994), S. 445-451.

Schmidt, Hartmut (1977)
Vorteile und Nachteile eines integrierten Zirkulationsmarktes für Wertpapiere gegenüber einem gespaltenen Effektenmarkt. Nr. 30 der Reihe Wettbewerb - Rechtsangleichung. Hrsg.: Kommission der Europäischen Gemeinschaften. Luxemburg 1977.

Schmidt, Hartmut (1988a)
Wertpapierbörsen. Strukturprinzip, Organisation, Kassa- und Terminmärkte. München 1988.

Schmidt, Hartmut (1988b)
Termingeschäfte. In: Bank-Lexikon. Handwörterbuch für das Geld-, Bank- und Börsenwesen. 10., vollst. überarb. u. erw. Aufl., Wiesbaden 1988, Sp. 2015-2034.

Schmidt, Hartmut (1989)
Der Nutzen derivativer Instrumente für den privaten Anleger. In: Auftrieb für den Finanzplatz Deutschland durch die DTB? Hrsg.: Frankfurter Allgemeine Zeitung GmbH Informationsdienste und Dresdner Bank AG. Frankfurt am Main 1989, S. 28-34.

Schmidt, Hartmut (1991a)
Die Terminbörse als Förderer des Finanzplatzes Deutschland? Heft 12 der Hamburger Beiträge zum Genossenschaftswesen. Hrsg.: Axel Bänsch et al. Hamburg 1991.

Schmidt, Hartmut (1991b)
Economic analysis of the allocation of regulatory competence in the European Communities. In: European Business Law. Hrsg.: Richard M. Buxbaum et al. Berlin 1991, S. 51-60.

Schmidt, Hartmut (1992a)
Die Deutsche Terminbörse - Funktionen und Möglichkeiten für Anleger. Unveröffentlichtes Manuskript eines am 28. Januar 1992 gehaltenen Vortrages. Hamburg 1992.

Schmidt, Hartmut (1992b)
Neue Börsenstruktur. In: Zeitschrift für das gesamte Kreditwesen, 45. Jg. (1992), S. 792-795.

Schmidt, Hartmut, und Dirk Elsner (1994)
Der deutsche Markt für "gedeckte Optionsscheine". In: Plan-
wirtschaft am Ende - Marktwirtschaft in der Krise? Fest-
schrift für Wolfram Engels. Hrsg.: Wolfgang Gerke. Stuttgart
1994, S. 255-297.

Schmidt, Ludwig (1994)
Kommentar zu § 15 EStG. In: Einkommensteuergesetz-Kom-
mentar. Hrsg.: Ludwig Schmidt. 13., völlig neubearb. Aufl.,
München 1994.

Schneider, Dieter (1992)
Investition, Finanzierung und Besteuerung. 7., vollst. überarb. u. erw. Aufl., Wiesbaden 1992.

Schneider, Herman M., und Jack Crestol (1991)
Tax planning for investors. Chicago, MI 1991.

Scholes, Myron S. (1976)
Taxes and the pricing of options. In: The Journal of Finance,
Vol. 31 (1976), S. 319-332.

Scholes, Myron S., und Mark A. Wolfson (1991)
Repackaging ownership rights and multinational taxation:
The case of withholding taxes. In: Journal of Accounting,
Auditing & Finance, Vol. 6 (1991), S. 513-536.

Scholes, Myron S., und Mark A. Wolfson (1992)
Taxes and business strategy. Englewood Cliffs, NJ 1992.

Scholtz, Rolf-Detlev (1991)
Optionsgeschäfte. In: Kommentierte Finanzrechtsprechung
(Loseblatt), Fach 3 EStG § 22, S. 195 f.

Schumann, Jochen (1992)
Grundzüge der mikroökonomischen Theorie. Sechste, überarb. u. erw. Aufl., Berlin 1992.

Shereff, Henry D. (1990)
Introduction to the taxation of financial instruments. Federal
income taxation of capital transactions in securities, straddles, options, and futures. Philadelphia, PA 1990.

Shuldiner, Reed (1992a)
A general approach to the taxation of financial instruments. In: Texas Law Review, Vol. 71 (1992), S. 243-350.

Shuldiner, Reed (1992b)
Consistency and the taxation of financial products. In: Taxes, Vol. 70 (1992), S. 781-792.

Siebert, Horst (1990)
Reforming capital income taxation. Tübingen 1990.

Singleton, J. Clay, und Robin Grieves (1984)
Synthetic puts and portfolio insurance strategies. In: The Journal of Portfolio Management, Vol. 10 (1984), Spring, S. 63-69.

Smith, Clifford W., Jr., Charles W. Smithson und D. Sykes Wilford (1990)
Managing financial risk. The Institutional Investor Series in Finance. Ohne Verlagsort (Harper Business), 1990.

Sonderbedingungen für Börsentermingeschäfte (1990)
In: Wertpapier-Mitteilungen, Teil IV, 44. Jg. (1990), S. 486-488.

Sonderbedingungen für Optionsgeschäfte (1986)
In: Wertpapier-Mitteilungen, Teil IV, 40. Jg. (1986), S. 506-507.

Sonderbedingungen für Wertpapier-Leihgeschäfte (1990)
im Wertpapier-Leihsystem der Deutscher Kassenverein Aktiengesellschaft, Frankfurt am Main. In: Wertpapier-Mitteilungen, Teil IV, 44. Jg. (1990), S. 951-953.

Spitzenverbände der deutschen Kreditwirtschaft (1990)
Schreiben v. 30. Mai 1990 unter der Federführung des Bundesverbandes deutscher Banken an den Bundesminister der Finanzen wegen der einkommensteuerlichen Behandlung von Optionsgeschäften an der Deutschen Terminbörse im Privatbereich. Köln 1990.

Spitzenverbände der deutschen Kreditwirtschaft (1991)
Schreiben v. 23. April 1991 unter der Federführung des
Bundesverbandes deutscher Banken an den Bundesminister
der Finanzen wegen der umsatz- und einkommensteuerlichen
Behandlung von Index-Optionen, Optionen auf Futures und
Optionen auf Zinsswaps. Köln 1991.

Spremann, Klaus (1986)
The simple analytics of arbitrage. In: Capital market equili-
bria. Hrsg.: Günter Bamberg und Klaus Spremann. Berlin
1986, S. 189-207.

Spremann, Klaus (1990)
Investition und Finanzierung. 3., vollst. überarb. u. erw.
Aufl., München 1990.

Stephan, Rudolf (1988 ff.)
Kommentar zu § 22 EStG. In: Littmann, Bitz, Meincke. Das
Einkommensteuerrecht. Kommentar zum Einkommensteuergesetz (Loseblatt). Hrsg.: Horst Bitz und Peter Hellwig. 15.,
völlig neubearb. Aufl., Stuttgart 1988 ff. Stand: 16. Ergänzungslieferung v. April 1993.

Stigler, George J. (1971)
The theory of economic regulation. In: The Bell Journal of
Economics and Management Science, Vol. 2 (1971), S. 3-
21.

Stiglitz, Joseph E. (1983)
Some aspects of the taxation of capital gains. In: Journal of
Public Economics, Vol. 21 (1983), S. 257-294.

Stiglitz, Joseph E. (1985)
The general theory of tax avoidance. In: National Tax Journal, Vol. 38 (1985), S. 325-337.

Stoll, Hans R. (1969)
The relationship between put and call option prices. In: The
Journal of Finance, Vol. 24 (1969), S. 801-824.

Stoll, Hans R., und Robert E. Whaley (1993)
Futures and options. Theory and applications. Cincinnati, OH
1993.

Strauss, Stuart (1982)
An analysis of the tax straddle provisions of the Economic
Recovery Tax Act of 1981. In: Taxes, Vol. 60 (1982), S.
163-182.

Streck, Michael (1975)
Zur Besteuerung von Devisen- und Warentermingeschäften
im privaten Bereich. In: Der Betrieb, 28. Jg. (1975), S.
2104-2105.

Stützel, Wolfgang (1964)
Banken, Kapital und Kredit in der zweiten Hälfte des zwan-
zigsten Jahrhunderts. In: Strukturwandlungen einer wach-
senden Wirtschaft. Zweiter Band. Schriften des Vereins für
Socialpolitik. Hrsg.: Fritz Neumark. Berlin 1964, S. 527-575.

Stützel, Wolfgang (1966)
Entscheidungstheoretische Elementarkategorien als Grundlage einer Begegnung von Wirtschaftswissenschaft und
Rechtswissenschaft. In: Zeitschrift für Betriebswirtschaft,
36. Jg. (1966), S. 769-789.

Stützel, Wolfgang (1976)
Wert und Preis. In: Handwörterbuch der Betriebswirtschaft,
Band I/3. Hrsg.: Erwin Grochla und Waldemar Wittmann. 4.,
völlig neu gest. Aufl., Stuttgart 1976, Sp. 4404-4425.

Stuhrmann, Gerd (1977)
Zur Steuerpflicht von Devisentermingeschäften. In: Die steuerliche Betriebsprüfung, 17. Jg. (1977), S. 53-57.

Stuhrmann, Gerd (1991 ff.)
Kommentar zu §§ 15, 22 EStG. In: Blümich. Einkommensteuergesetz, Körperschaftsteuergesetz, Gewerbesteuergesetz. Kommentar (Loseblatt). Hrsg.: Klaus Ebling u. Wolfgang Freericks. 14. Aufl., München 1991 ff. Stand: 46.
Ergänzungslieferung v. April 1994.

Thomas, Heinz (1994)
Kommentar zu §§ 762-764 BGB. In: Palandt. Bürgerliches
Gesetzbuch. Band 7 der Beck'schen Kurzkommentare. 53.,
neubearb. Aufl., München 1994.

Tipke, Klaus, und Joachim Lang (1991)
Steuerrecht. Ein systematischer Grundriß. 13., völlig überarb. Aufl., Köln 1991.

Van Horne, James C. (1985)
Of financial innovations and excesses. In: The Journal of
Finance, Vol. 40 (1985), S. 621-631.

Van Horne, James C. (1986)
An inquiry into recent financial innovation. In: Kredit und
Kapital, 19. Jg. (1986), S. 453-471.

Van Horne, James C. (1990)
Financial market rates and flows. 3. Aufl., Englewood Cliffs,
NJ 1990.

Voß, Joachim (1992)
Ungewißheit im Steuerrecht. Formen, Konsequenzen, Maßnahmen. Wiesbaden 1992.

Wacker, Roland (1988 ff.)
Kommentar zu § 23 EStG. In: Littmann, Bitz, Meincke. Das
Einkommensteuerrecht. Kommentar zum Einkommensteuergesetz (Loseblatt). Hrsg.: Horst Bitz und Peter Hellwig. 15.,
völlig neubearb. Aufl., Stuttgart 1988 ff. Stand: 16. Ergänzungslieferung v. April 1993.

Wagner, Franz W. (1992)
Neutralität und Gleichmäßigkeit als ökonomische und rechtliche Kriterien steuerlicher Normkritik. In: Steuer und Wirtschaft, 69. (22.) Jg. (1992), S. 2-13.

Weber, Klaus (1991)
An- und Verkauf von Wertpapieren sowie die Vornahme von
Termingeschäften durch Privatpersonen als Gewerbebetrieb?
In: Deutsche Steuer-Zeitung, 77. Jg. (1991), S. 353-358.

Weber-Grellet, Heinrich (1994)
Kommentar zu § 5 EStG. In: Einkommensteuergesetz-Kommentar. Hrsg.: Ludwig Schmidt. 13., völlig neubearb. Aufl., München 1994.

Wenger, Ekkehard (1986)
Einkommensteuerliche Periodisierungsregeln, Unternehmenserhaltung und optimale Einkommensbesteuerung. Teil II: Einkommensteuerliche Periodisierungsregeln, neutrale und optimale Besteuerung. In: Zeitschrift für Betriebswirtschaft, 56. Jg. (1986), S. 132-151.

Wenger, Ekkehard (1990)
Das Quellensteuerexperiment von 1987. In: Zeitschrift für Bankrecht und Bankwirtschaft, 2. Jg. (1990), S. 177-190.

Wilhelm, Jochen E. M. (1985)
Arbitrage theory. Introductory lectures on arbitrage-based financial asset pricing. Lecture notes in economics and mathematical systems, No. 245. Hrsg.: M. Beckmann und W. Krelle. Berlin 1985.

Willens, Robert (1991)
Unbundling securities: Searching for a coherent policy. In: Tax Notes, Vol. 43 (1991), S. 1513-1516.

Yang, Wesley (1989)
Impact of Arkansas Best on some types of investments remains uncertain. In: The Journal of Taxation, Vol. 70 (1989), S. 106-109.

Zigas, David (1987)
So you thought you'd seen the last of tax straddles. In: Business Week v. 15. Juni 1987, S. 90.

Gesetzesverzeichnis

Entscheidungsverzeichnis

Gericht	Datum	Aktenzeichen	Fundstelle
BFH	02.04.1971	VI R 149/67	BStBl. II 1971, S. 620-622.
BFH	21.05.1976	III R 10/74	BStBl. II 1976, S. 588-590.
BFH	04.03.1980	VIII R 150/76	BStBl. II 1980, S. 389-393.
BFH	21.07.1981	VIII R 128/76	BStBl. II 1982, S. 36-37.
BFH	08.12.1981	VIII R 125/79	BStBl. II 1982, S. 618-620.
BFH	23.03.1982	VIII R 132/80	BStBl. II 1982, S. 463-465.
BFH	06.12.1983	VIII R 172/83	BStBl. II 1984, S. 132-135.
BFH	28.11.1984	I R 290/81	BStBl. II 1985, S. 264-266.
BFH	09.07.1986	I R 85/83	BStBl. II 1986, S. 851-852.
BFH	25.08.1987	IX R 65/86	BStBl. II 1988, S. 248-249.
BFH	02.09.1988	III R 58/85	BStBl. II 1989, S. 24-26.
BFH	13.10.1988	IV R 220/85	BStBl. II 1989, S. 39-41.
BFH	31.07.1990	I R 173/83	BStBl. II 1991, S. 66-70.
BFH	28.11.1990	X R 197/87	BStBl. II 1991, S. 300-305.
BFH	06.03.1991	X R 39/88	BStBl. II 1991, S. 631-633.
BFH	03.07.1991	X R 163-164/87	BStBl. II 1991, S. 802-806.
BFH	12.07.1991	III R 47/88	BStBl. II 1992, S. 143-147.
BFH	03.06.1992	X R 91/90	BStBl. II 1992, S. 1017-1020.
BFH	09.10.1992	III R 9/89	n.v.
BFH	24.11.1993	X R 49/90	BStBl. II 1994, S. 591-593.

Gericht	Datum	Aktenzeichen	Fundstelle
FG BaWü	09.02.1984	X 186/80, rkr.	EFG 1984, S. 502-503.
FG D'dorf	21.02.1984	III 565/77, n. rkr.	EFG 1984, S. 454-456.
FG Hbg	11.05.1984	I 70/83, n. rkr.	EFG 1985, S. 21-22.
FG Kln	07.04.1987	5 K 55/86, n. rkr.	EFG 1987, S. 508-509.
FG Hess	06.02.1992	8 K 8002/85, n. rkr.	EFG 1992, S. 456-457.
FG BaWü	11.02.1993	8 K 113/91, rkr.	EFG 1993, S. 582-584.

Verzeichnis der Verwaltungsanweisungen

Urheber	Datum	Aktenzeichen	Fundstelle
RMF	22.07.1939	o. Az.	RStBl. 1939, S. 857.
BMWi.	26.06.1970	o. Az.	BGBl. I 1970, S. 993.
BMF	19.12.1989	IV A 3 - S 7160 - 55/89	WM, IV, 1990, S. 1477.
BMF	03.04.1990	IV B 2 - S 2134 - 2/90	WM, IV, 1990, S. 1479.
BMF	26.11.1990	IV B 3 - S 2257 - 4/90	WM, VI, 1991, S. 48.
BMF	18.05.1994	EStR 1993	BStBl. I 1994, Sonr. 1.
BMF	10.11.1994	IV B 3 - S 2256 - 34/94	BStBl. I 1994, S. 816.

Deutscher Universitäts Verlag
GABLER · VIEWEG · WESTDEUTSCHER VERLAG

Schriftenreihe des Instituts für Geld- und Kapitalverkehr der Universität Hamburg
Herausgeber: Prof. Dr. Hartmut Schmidt

Band 1:
Ludwig Jurgeit, Bewertung von Optionen und bonitätsrisikobehafteten Finanztiteln
Anleihen, Kredite und Fremdfinanzierungsfazilitäten
1989. XXXVI, 524 Seiten, 22 Abb.
(vergriffen)
ISBN 3-8244-0021-9

Band 2:
Wolfgang Bessler, Zinsrisikomanagement in Kreditinstituten
1989. XX, 359 Seiten, 27 Abb.
(vergriffen)
ISBN 3-8244-0030-8

Band 3:
Wilhelm-Christian Heikenberg, Anlegerschutz am Grauen Kapitalmarkt
Prognosegrundsätze für Emissionsprospekte
1989. XIV, 470 Seiten,
(vergriffen)
ISBN 3-8244-0026-X

Band 4:
Andreas Döhrmann, Underpricing oder Fair Value
Das Kursverhalten deutscher Erstemissionen
1990. XXIV, 433 Seiten, 36 Abb., 57 Tab.,
(vergriffen)
ISBN 3-8244-0050-2

Band 5:
Heinrich Brakmann, Aktienemissionen und Kurseffekte
Deutsche Bezugsrechtsemissionen für die Jahre 1978 bis 1988
1993. XXV, 373 Seiten, 29 Abb., 53 Tab.,
Broschur DM 118,-/ ÖS 921,-/ SFr 118,-
ISBN 3-8244-0144-4

DUV DeutscherUniversitätsVerlag ───────
GABLER · VIEWEG · WESTDEUTSCHER VERLAG

Band 6:
Carl Heinz Daube, Marketmaker in Aktienoptionen an der
Deutschen Terminbörse
1993. XXVII, 356 Seiten, 36 Abb., 8 Tab.
Broschur DM 118,-/ ÖS 921,-/ SFr 118,-
ISBN 3-8244-0149-5

Band 7:
Torsten Schrader, Geregelter Markt und geregelter Freiverkehr
Auswirkungen gesetzgeberischer Eingriffe
1993. XXV, 337 Seiten, 33 Abb., 26 Tab.,
Broschur DM 118,-/ ÖS 921,-/ SFr 118,-
ISBN 3-8244-0178-9

Band 8:
Stefan Janssen, Kontraktdesign und Kontrakterfolg von Financial
Futures
1994. XXV, 354 Seiten, 7 Abb., 7 Tab.,
Broschur DM 118,-/ ÖS 921,-/ SFr 118,-
ISBN 3-8244-0201-7

Band 9:
Peter Iversen, Geld-Brief-Spannen deutscher Standardwerte
1994. XXVIII, 307 Seiten, 47 Abb., 35 Tab.,
Broschur DM 98,-/ ÖS 765,-/ SFr 98,-
ISBN 3-8244-0207-6

Die Bücher erhalten Sie in Ihrer Buchhandlung!
Unser Verlagsverzeichnis können Sie anfordern bei:

Deutscher Universitäts-Verlag
Postfach 30 09 44
51338 Leverkusen

If you have any concerns about our products,
you can contact us on
ProductSafety@springernature.com

In case Publisher is established outside the EU,
the EU authorized representative is:
Springer Nature Customer Service Center GmbH
Europaplatz 3, 69115 Heidelberg, Germany

Printed by Libri Plureos GmbH
in Hamburg, Germany